Der Geschichtenbär   Mit bunten Bildern

Anne Braun
wurde 1956 im Schwäbischen geboren. Seit dem Übersetzerstudium an der Univer-
sität Heidelberg ist sie als Sprachenlehrerin und als Übersetzerin für Italienisch,
Französisch und Englisch sowie als Herausgeberin und Autorin tätig.
In der Benziger Edition hat Anne Braun außerdem herausgegeben:
»Weihnachtsgeschichten«
»Frühlings- und Ostergeschichten«
»Nikolaus- und Adventsgeschichten«
»Geschichten von großen und kleinen Tieren«
»Das große bunte Bärenbuch«

Hildegard Müller
wurde 1957 in Bell / Hunsrück geboren. Sie studierte Grafik-Design an der
FH Darmstadt und Kunsterziehung an der Universität Mainz.
Seit 1985 ist sie als freiberufliche Illustratorin und Grafikerin für
Kinderbuchverlage und Kinderzeitschriften tätig.

Anne Braun (Hrsg.)

Das große Vorlesebuch fürs ganze Jahr

Mit farbigen Bildern von Hildegard Müller

BENZIGER EDITION

Die Deutsche Bibliothek – CIP-Einheitsaufnahme

Das große Vorlesebuch fürs ganze Jahr / Anne Braun (Hrsg.).
Mit farbigen Bildern von Hildegard Müller.
- 1. Aufl. - Würzburg:
Benziger Ed. im Arena Verl., 1993
(Der Geschichtenbär – Mit bunten Bildern)
ISBN 3-401-07122-X

---

1. Auflage 1993
© Benziger Edition im Arena Verlag GmbH, Würzburg
Alle Rechte vorbehalten
Herausgegeben von Anne Braun
Einband und Innenillustrationen: Hildegard Müller
Gesamtherstellung: Chemnitzer Verlag und Druck GmbH,
Werk Zwickau
ISBN: 3-401-07122-X

Inhalt

FRÜHLING

SOMMER

HERBST

WINTER

Frühling

EVA RECHLIN

Wie der Frühling kommt

Der Frühling kommt nicht mit Trara
in einem goldnen Wagen,
der voller bunter Gaben ist,
– wie manche Leute sagen.

Er stürzt sich auch nicht über Nacht
mit seinen Weggefährten
– mit Amsel, Drossel, Fink und Star –
in unsre stillen Gärten.

Er überschüttet nicht das Land
ganz plötzlich, eh' wir's denken,
mit Schmetterlingen, Blumenduft
und ähnlichen Geschenken.

Durch unsre Fenster blitzt er nicht,
prallt nicht an unsre Türen.
O nein, der Frühling kommt ins Land,
daß wir es kaum verspüren.

Er kommt, wie auch die Schnecke kommt
aus ihrem Muschelhaus:
Erst streckt er seine Fühler vor,
dann wagt er sich heraus.

Das geht nicht plötzlich mit Trara
und jubelndem Geschmetter.
Der Frühling kommt im Schneckengang!
Ganz sacht und mit dem Wetter.

Ist's auch noch kalt – es liegt im Wind
ein ganz gewisser Duft.
Der Frühling, so erkennt man ihn,
liegt einfach in der Luft!

MARIE HAMSUN

Drei Wünsche an den Kuckuck

Es war in den letzten Tagen des Mai. Alle Wiesen waren grün, und der Kuckuck rief im jungen Laub. Die Kinder wollten ihn so gern einmal sehen. Aber der Kuckuck war sehr vorsichtig. Es war gleichsam etwas Geheimnisvolles an diesem Vogel. Sie konnten ihn von ganz nahe hören, aber wenn sie dem Laut nachgingen, schwieg er und war fort.

Die Kinder glaubten, der Kuckuck müsse ein großer, prächtiger Vogel mit schönen Federn sein, vielleicht so wie ein Hahn oder noch schöner. Ola wußte, wenn es einem gelänge, sich anzuschleichen und sich unter den Baum zu stellen, auf dem der Kuckuck saß und rief, dann durfte man sich drei Dinge wünschen, was man nur wollte, und es ging sicher in Erfüllung.

Da war es nun kein Wunder, daß Ola den ganzen Tag lang hinter dem Kuckuck herlief und suchte und suchte. Wenn man zehn Jahre alt ist und viele Märchen über die Herrlichkeiten der Welt gelesen hat, so gibt es wohl allerhand, was man sich wünschen könnte.

Vor allem brauchte er eine Tarnkappe, so daß man ihn nicht finden und nicht beständig nach ihm rufen konnte, wenn er mit seinen eigenen Sachen beschäftigt war.

Danach wollte er sich ein Kästchen aus Silber mit einem Deckel aus Gold wünschen, um seine Sachen darin aufzuheben. Er besaß verschiedene seltsame Dinge, die er im Laufe der Jahre angesammelt hatte, es fehlte ihm jedoch ein verschließbarer Kasten dafür, so daß er sich nie vor Diebesfingern sicher wußte.

12

Und dann wollte er wünschen, daß er einmal nach seinem Tode selig werden würde.

Dies waren seine drei Wünsche. Am liebsten hätte er gewünscht, überhaupt nicht sterben zu müssen, sondern daß Gott einen Wagen senden und ihn lebend in den Himmel holen würde, so wie er es mit dem Propheten Elias getan hatte. Der wurde in einem feurigen Wagen mit glühenden Pferden geholt.

Oh, Ola wollte nichts dagegen haben, eines Abends so geholt und geradewegs in den Himmel gefahren zu werden, zwischen all den goldenen und roten Wolken hindurch, während Einar und die kleinen Mädchen dastehen und zusehen würden.

Aber der Kuckuck, der Kuckuck! Bis jetzt hatte er noch nicht einmal den Schwanz von ihm zu sehen bekommen!

Da kamen eines Tages Einar und die kleinen Mädchen atemlos dahergelaufen und sagten, sie hätten jetzt den Kuckuck gesehen!

»Ach, nichts habt ihr gesehen«, meinte Ola. Das wäre doch wirklich unerhört gewesen!

»Doch, doch!« versicherte Einar. »Er flog aus dem Wald und quer über die Wiese. Dann setzte er sich eine kleine Weile auf den Zaun, nickte dort zweimal mit dem Kopf und sagte Kuckuck, und dann flog er weiter.«

»Wie sah er denn aus?« fragte Ola ungläubig.

»Er war nur ganz klein und grau«, mußte Einar gestehen. »Nicht einmal so groß wie eine Krähe.«

»Es war eine Krähe!« sagte Ola.

»Aber eine Krähe kann nicht Kuckuck sagen!« widersprach Einar und nickte und schrie wie der Kuckuck.

So war es also sicher und durch Zeugen bestätigt, daß der Kuckuck nur ein simpler, grauer Vogel war und nicht einmal so groß wie eine Krähe. Aber den ganzen Frühling und noch gar manchen späteren Frühling ging Ola dennoch umher und hatte seine drei Wünsche bereit. Wenn es ihm gelingen würde, richtig unter dem Kuckucksbaum zu stehen . . .

Herbert Erdmann

Der Zitronenfalter Balthasar

Eines Abends wollte Balthasar, der kleine Zitronenfalter, nicht mehr mit den vielen anderen Schmetterlingen unter den Blättern von Sträuchern und Bäumen sitzen und schlafen. Als die anderen Schmetterlinge schon schliefen und Eusebius, der alte Kohlweißling, leise vor sich hin schnarchte, flatterte Balthasar einfach davon. Er wollte in der Nacht etwas erleben.

Aber er kam nicht weit. Bald merkte er, daß er in der Dunkelheit gar nicht viel sehen konnte. Und schon stieß er mit einem grauen Nachtfalter zusammen. Beide purzelten auf den Boden.

»Du Trottel!« schimpfte der Nachtfalter. »Ein Zitronenfalter muß doch in der Nacht schlafen. Weißt du das nicht? Weißt du nicht, wie gefährlich die Nacht für einen Tagfalter ist?«

Der graue Nachtfalter wollte noch mehr sagen. Weil er aber auch in der Nacht sehen konnte, entdeckte er eine Eule, die auf dem untersten Zweig eines Baumes saß und nach Beute spähte.

Zitternd blieb der Zitronenfalter zurück. Er hörte die Eule keuchen und prusten. So etwas hatte er noch nie gehört.

»Dich fresse ich!« rief die Eule. »Einen so leckeren Schmetterling habe ich schon lange nicht mehr gehabt. Hörst du, wie mein Magen knurrt?«

Der Zitronenfalter zitterte noch mehr.

»Ich will aber nicht gefressen werden«, jammerte er. »Was habe ich dir denn getan?«

Die Eule hatte kein Erbarmen. »Du schmeckst mir!« rief sie. »Ich will dich fressen.«

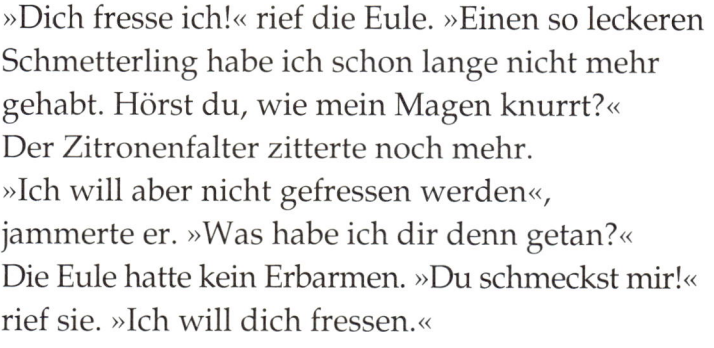

»Aber ich bin doch ein Zitronenfalter«, jammerte der kleine Schmetterling. »Sieh doch, ich bin ganz gelb. Und weil ich ein Zitronenfalter bin, schmecke ich auch wie eine Zitrone, ganz sauer! Ohne Zucker bin ich nicht lecker.«

»Brrr!« Die Eule schüttelte sich. »Zitronenfalter ohne Zucker mag ich nicht«, sagte sie. Der Zitronenfalter war noch einmal gerettet. Er wagte sich aber nicht mehr in die Luft. Dort war es ihm zu gefährlich. Mühsam kroch er weiter. Auf einem Feldweg blieb er erschöpft sitzen.

Eben ging ein einsamer Spaziergänger vorbei. Fast hätte er auf den Zitronenfalter getreten. Mit letzter Kraft kroch der kleine, gelbe Balthasar unter einen Strauch. Dort blieb er sitzen bis zum Morgen. Er war furchtbar müde, als die anderen Schmetterlinge ausgeschlafen in die Luft flatterten und im Licht der Morgensonne zu tanzen und zu spielen begannen. Fast den ganzen Tag verschlief der kleine Zitronenfalter Balthasar.

Abends erzählten die anderen Schmetterlinge, wie schön der Tag gewesen war. »Wir haben schon lange nicht mehr so lustig gespielt und getanzt wie heute«, sagte ein bunter Falter. »Morgen spielen wir wieder, morgen wird es wieder lustig. Balthasar, machst du mit?«

Balthasar, der kleine Zitronenfalter, kroch unter ein Blatt. Er nahm sich vor, ab sofort jeden Abend brav einzuschlafen und nie mehr in die Nacht hinauszuflattern.

16

JOSEF GUGGENMOS

Vom Igel, der Hunger hatte

Die Stirn in Falten, trippelte der Igel dahin. So klein er war, so groß war sein Hunger.

Von Zeit zu Zeit hielt er inne und hob die Nase. Roch das nicht nach Apfel? Auf seine Nase konnte er sich verlassen. Aber da lag kein Apfel. So weit die kurzsichtigen Augen reichten, war nichts zu sehen als dieses merkwürdige glatte Feld – und gar nichts darauf.

Keine Schnecke saß da und wollte sich fressen lassen. Keine Maus spitzte aus ihrem Loch, der man hätte zeigen können, wie flink so ein behäbiger Herr Igel auf einmal laufen kann. Und nicht ein einziges Blättchen kündigte irgendwo eine Wurzel an, die zur Not ein Loch im Magen gestopft hätte.

So etwas war ihm noch nicht begegnet, und er hatte doch schon so manchen lieben Abend seine Stacheln durch die Welt getragen. Entweder roch es nach Apfel, und dann war da auch irgendwo ein Apfelbaum, unter dem es stets etwas zu finden gab. Oder es roch nicht nach Apfel, und dann brauchte man sich nicht zu wundern, wenn man keine Äpfel fand.

Hier aber schwamm ein Apfelgeruch, wie er noch nie seine Nase gekitzelt hatte; von allen Seiten zugleich schien er zu kommen; das Wasser lief einem nur so im Munde zusammen – doch von Äpfeln war keine Spur!

Die vier kurzen Beine wurden müder und müder, der Hunger wurde größer und größer, und der Apfelgeruch blieb immer gleich stark. Schließlich setzte sich der Igel nieder.

Er konnte nicht mehr.

Ach, es war ein jämmerliches, kränkendes Ende, so Hungers zu sterben, den herrlichsten Apfelgeruch in der Nase! Mehr als ein Fuchs hatte schon seine Nase an ihm blutig gestoßen. Fünf furchtbare Kreuzottern, an die sich gar manches große und starke Tier nicht wagte, hatte er nach wildem Kampfe überwältigt und, den Kopf voran, aufgefressen. Und so ruhmlos mußte er nun zugrunde gehen! Nein, das war kein Tod, eines Igels würdig! Aber was half's.

Bekümmert und erschöpft kugelte sich der Igel zusammen, um so sein Ende zu erwarten. Bei dieser Bewegung streifte seine Schnauze zufällig den Boden. Wie sich dieser seltsame Boden anfühlte . . . Und wie dieser Boden roch!

Mit einem Satze stand er wieder auf den Beinen. Der Boden selber roch nach Apfel! Und er fühlte sich genauso an wie eine Apfelschale!

Da hatte er also seinen Hunger auf einem riesigen Apfel herumgetragen, ja, es hätte nicht viel gefehlt, dann wäre er noch auf ihm verhungert!

Es konnte nicht anders sein: Die Erde selber war zu einem einzigen Apfel geworden.

Wie das zugegangen sein mochte, wollte sich der Igel später einmal überlegen. Fürs erste hatte er nichts als Hunger.

Denn wenn das ein Apfel war, dann mußte man auch hineinbeißen können!

Gedacht, gebissen. Und wirklich, es schmeckte, wie es gerochen hatte: wunderbar!

Und nun tat der Igel, was jeder andere Igel an seiner Stelle auch getan hätte: Er begann zu fressen und war entschlossen, so schnell nicht mehr aufzuhören.

Ein einziges Mal regte sich sein Gewissen. Ja, ging es denn an, so mir nichts, dir nichts die Erde zu verspeisen? Ach was – nach diesem garstigen Hunger wollte er sich jetzt satt fressen für den Rest seines Lebens! Der Igel wußte nicht, wie es zugegangen war: Auf einmal war von dem Riesenapfel nur noch ein Rest übrig. Ach, einen Bissen noch! Und dann dachte der Igel nichts mehr in seinem kleinen Hirn, bis auch noch der letzte Bissen in seinem Magen verschwunden war. Da hatte er nun also die ganze zum Apfel gewordene Erde verzehrt. Worauf aber sollte er jetzt noch stehen? O Entsetzen, da hatte er etwas angerichtet! Der Igel sah in

19

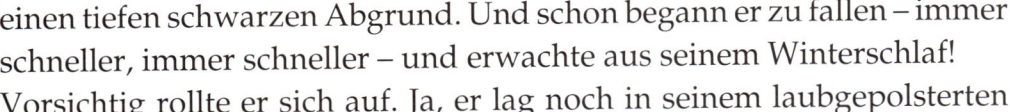

einen tiefen schwarzen Abgrund. Und schon begann er zu fallen – immer schneller, immer schneller – und erwachte aus seinem Winterschlaf!

Vorsichtig rollte er sich auf. Ja, er lag noch in seinem laubgepolsterten Nest unter dem Reisighaufen, und ein wenig Frühlingssonne drang schon bis zu ihm herab. Nun hatte er also glücklich den langen bösen Winter verschlafen, und von dem ganzen Traum war nichts wahr gewesen als – sein Hunger.

Seufzend streckte der Igel der Reihe nach seine steifen Glieder. Ja, das Schmerbäuchlein, das er sich im letzten Herbst vorsorglich angefressen hatte, war bedenklich zusammengeschrumpft.

Aber da ein Würmchen und dort ein Käferchen fand er bestimmt auf seinem ersten Gang. Und dann kam der lange, schöne Sommer. Und nach dem Sommer kam wieder ein unermeßlich reicher Herbst. Ja, herrliche Monate lagen vor ihm. Und es war doch gut, daß er in seinem Hunger nicht gleich die ganze Erde aufgefressen hatte!

BENNO PLUDRA

Die Legende von der weißen Muschel

Hört die Legende von der weißen Muschel: Vor langen Jahren gab es eine Zeit, da litten die Fischer bittere Not. Sie hatten vom Frühjahr bis zum Herbst so gut wie keinen Fisch gefangen, kaum einen Hering, kaum einen Aal, und der Winter kam zeitig und mit Macht. Der Boden fror zu bis hinter den Horizont, das Eis wuchs meterdick, und draußen auf dem Meer tobten weiße Stürme.

Das ging so durch Tage und Wochen, durch Wochen und Tage, das ging so durch den ganzen bösen Winter. Und in die Katen der Fischer kroch mit der Kälte die Not.

Kein Mehl mehr im Schapp*, um Brot zu backen. Kein Zucker mehr und kein Salz. Kein Fett mehr im Topf, kein Riegelchen Speck, kein Zipfelchen Wurst mehr in der Kammer. Leer alle Fächer, leer alle Fässer. Und die Kinder, die der Hunger nicht mehr schlafen ließ, weinten nachts in ihren Betten.

Doch dann geschah etwas Wunderbares. John Hagenbrink kehrte heim. Zehn Jahre lang war er um die Welt gefahren, nach Honolulu, Grönland und San Francisco. Nun kehrte er heim und brachte das Glück. Er brachte die weiße Muschel.

*Schapp: Seemannssprache für Schrank oder Fach

»Seht her«, rief John Hagenbrink den Fischern zu, »seht euch die weiße Muschel an. Und hört sie singen.

Alle sieben Meere singen in der weißen Muschel. Eure Not hat jetzt ein Ende. Glaubt es oder glaubt es nicht: Die Muschel singt euch den Frühling herbei, den Frühling und den Fisch und das Glück.«

Wie gesprochen, so geschehen. Über Nacht brach das Eis, und im Süden erhob sich ein mächtiger Wind, stark wie das Leben. Dieser mächtige Wind trieb das Eis aus dem Bodden^{**} und den Winter von dannen.

Keine drei Tage waren vergangen, da brachten die Boote den ersten Fang: Heringe, Heringe, Heringe, soviel wie Taler im Märchen und glänzend wie blankes Silber. Die Zeit der Not war zu Ende.

John Hagenbrink, der Seemann, aber sagte: »Da seht ihr, liebe Leute, das hat euch die weiße Muschel gebracht. Sie hat euch herbeigesungen den Frühling, den Hering, das Glück. Und als Dank vermähl' ich die Muschel dem Bodden. Beide sollen Hochzeit halten, sich selber zur Freude und euch zum Segen.«

Nachdem dies gesagt war, nahm John Hagenbrink ein Boot, fuhr hinaus auf den Bodden und warf die Muschel ins Wasser. Dort liegt sie noch heute, tief am Grunde auf der immergrünen Boddenwiese, und singt alljährlich den Frühling, den Fisch und das Glück herbei . . .

**Bodden: niederdeutsch für Bucht

22

Die Flöte

Es ist ein warmer Frühlingstag. Bernd sitzt in der Toreinfahrt auf den Stufen vor der Haustür. Er hält die kleine Flöte in Händen und versucht zu spielen, so wie es ihm Onkel Karl gezeigt hat.

Vor ihm stehen die Kinder von oben und aus dem Hinterhaus, wo die Italiener wohnen. Auch der blinde Vittorio lehnt an der Wand und lauscht erregt, obgleich er sonst nicht mit ihnen spielt.

Vittorio ist nur Gast. Er ist mit seiner Mutter
zu Besuch bei Onkel Giuseppe.

Morgen früh fahren sie wieder fort.

Ein goldener Forsythienzweig guckt vom Hof her
durch den Torbogen zu den Kindern.

Bernd spielt: »Fuchs, du hast die Gans gestohlen . . .« Etwas stockend spielt er und mit Fehlern, denn er ist nicht besonders musikalisch. Aber man kann das Lied erkennen. Und es macht ihm Spaß. Er wiederholt es immer wieder.

»Laß mich mal!« bittet Klaus. Und Bernd reicht ihm die Flöte. Aber Klaus kann gar nicht spielen.

»Jetzt ich!« ruft Anneliese.

»Nein, ich!« Das ist Georg. Er bläst auch: »Fuchs, du hast die Gans gestohlen . . .« Dann hält er inne.

Und in die Pause, die nun entsteht, sagt ganz unerwartet Vittorio: »Prego – bitte – ich –«, und seine Lippen zittern.

Der Blinde will flöten? Georg legt ihm die Flöte in die ausgestreckten Hände.

Bernd will das nicht. Plötzlich ärgert er sich: »Gib her!« Er springt auf und reißt Vittorio die Flöte, die dieser fast verklärt an die Lippen führt, aus den Händen. Dann rennt er davon.

Eine lähmende Stille bleibt zurück.

Vittorio hat Tränen in den Augen. Als erster kehrt er um und tastet sich auf den Hof. Georg reicht ihm die Hand und führt ihn nach hinten. Die anderen gehen auf die Straße.

Bernd ist in den Keller gerannt, wo Onkel Karl seine Werkstatt hat. Onkel Karl hobelt.

»Kann ich dir helfen?« fragt Bernd und legt die Flöte aufs Fenstersims.

»Spiel was«, schlägt Onkel Karl vor. Aber Bernd schüttelt den Kopf.

Erstaunt sieht der Onkel ihn an. Was ist denn los mit Bernd? Das sonst so fröhliche Gesicht sieht verstockt, fast unglücklich aus. Onkel Karl gibt ihm ein Brett, das er glatthobeln soll.

Doch lange hält Bernd es nicht aus. »Ich gehe mal zur Mutter«, sagt er, nimmt seine Flöte und geht hinaus.

Während des Abendessens schweigt Bernd. Er sieht blaß aus und hat keinen Appetit. Immer muß er an Vittorio denken, der nicht sehen kann und dem er die Flöte aus den Händen gerissen hat. Warum?

24

Im Bett weint er. Die Hand mit der Flöte hat er unter das Kopfkissen geschoben. Onkel Karl kommt an sein Bett. Er setzt sich auf den Rand des Bettes und sagt nur: »Manchmal hat man es schwer.«
»Ja«, schluchzt Bernd.
»Meistens ist es schwer, wenn man etwas falsch gemacht hat. Wenn man jemandem weh getan hat.«
»Ja«, antwortet Bernd, »Vittorio, der blinde Junge, wollte flöten. Weißt du, der Besuch von Giuseppe. Ich hab' ihn nicht gelassen.«
»Schlimm!« Onkel Karls Stimme klingt traurig. »Das ist schlimm. Armer Vittorio – und armer Bernd.«
Wieder beginnen Bernds Tränen zu fließen. »Du kannst ihn ja morgen flöten lassen«, schlägt Onkel Karl vor.
»Morgen ist es zu spät.« Bernds Stimme klingt heiser. »Sie fahren morgen ganz früh wieder fort.«

»Ja, dann – schade – ich dachte nur, du könntest ihm die Flöte vielleicht schenken?«

Hastig richtet Bernd sich auf. »Schenken! *Meine* Flöte? Nein, nie!« Er ist fast empört. »Ich habe sie doch gern, die Flöte. Verstehst du? Das ist nicht nur so ein Spielzeug! Ich glaube, sie ist beinah lebendig.«

»Gerade deshalb«, meint der Onkel, »wenn die Flöte dir gleichgültig wäre, dann wäre es ja auch kein Opfer, kein richtig wertvolles Geschenk. Aber, du sagtest ja selbst – es ist zu spät.«

»Ja!« Bernd nickt. Aber er weint nicht mehr.

Onkel Karl geht zur anderen Wand. Er zieht sich aus und legt sich in sein Bett.

Bernd kann nicht einschlafen. Lange liegt er so da. Das Mondlicht fällt hell ins Zimmer. Langsam wandert es an der Wand entlang. Bernds Winnetou über dem Bett sieht blaß aus, auch sein Federschmuck ist nicht mehr rot und gelb, sondern bläulich.

So blaß ist auch Vittorio, denkt Bernd. Und Vittorio kann nicht sehen. Nur hören kann er. Und Lisa sagt, er könne schön singen. Er sei musikalisch. Vielleicht weint Vittorio jetzt auf seiner Schlafstelle am Boden bei Giuseppe?

Bernd lauscht. Ob Onkel Karl schon schläft? Bernd hört seine gleichmäßigen Atemzüge. Leise steht er auf. Er geht zum Tisch und kramt in seinem Schulranzen. So leise es geht, reißt er ein Blatt aus dem Schmierheft und dann noch eins. Er nimmt seinen roten Filzstift:

Für Vittorio von Bernd

schreibt er hin.

Dann holt er die Flöte unter dem Kopfkissen hervor und wickelt sie in das Papier. Er nimmt einen Gummiring aus dem Federmäppchen und zieht ihn darüber.

26

Noch einen Bogen Papier. Noch einen Gummiring. Und ganz groß schreibt er auf das Päckchen:

Bernd sieht aus dem Fenster.

Verlassen liegt der Hof da im fahlen Licht des Mondes. Alles scheint zu schlafen. Leise öffnet Bernd das Fenster. Noch einen Blick zum Bett des Onkels, dann klemmt er die Flöte unters Kinn und klettert hinaus.

Es ist nicht das erste Mal, daß Bernd durch das Fenster klettert. Unten steht ein Holzklotz. Er stützt den rechten Fuß darauf. Hopp, nun ist er unten.

Nachts ist er noch nie im Hof gewesen. Gespenstisch sieht alles aus. Bernd schleicht so leise wie sein geliebter Winnetou zum Eingang des Hinterhauses. Noch einmal gleitet seine Hand fast zärtlich über die Flöte, dann befestigt er das Päckchen am Türgriff. So. Er prüft, ob das Gummi hält.

Einen Augenblick steht er da und sieht das Päckchen an. Dann geht er zurück zum Fenster und klettert ins Zimmer.

Seltsam. Er ist nicht mehr traurig. Obgleich er seine Flöte liebte und meinte, sich wirklich *nie* von ihr trennen zu können, ist er jetzt froh.

Ich will wach bleiben und sehen, ob Vittorio die Flöte auch findet, denkt Bernd. Doch kaum liegt er im Bett, da fallen ihm die Augen zu. Bernd schläft fest.

Wie lange er wohl geschlafen hat? Eine leise Musik klingt an sein Ohr. Bernd dreht sich auf die andere Seite. Und wieder die Musik. Hell und rein: »Fuchs, du hast die Gans gestohlen . . .«

Wie ein Blitz ist Bernd am Fenster.

Beginnender Tag liegt um Vittorio, der im Hof steht. Die Flöte an die Lippen gehoben, spielt er jetzt ein Lied, das Bernd nicht kennt. Sein glückliches Gesicht ist Bernd zugewandt.

Als die Mutter ihn holen kommt, winkt er Bernd zu, als könne er ihn sehen.

TILMAN RÖHRIG

Das Blatt und die Raupe

Das Leben des Blattes begann mit dem warmen Frühlingswind. Zuerst war die Knospe da, aber schon bald schlüpfte mit Hilfe der Sonnenstrahlen ein Blättchen aus.

Ganz verknautscht erlebte das Neugeborene den ersten Tag. Die Kühle der nächsten Nacht brachte ihm die erste kleine Verzweiflung. Ehe diese aber überhandnehmen konnte, wärmte die Morgensonne wieder das durchgefrorene Etwas. An diesem Tag ging es ihm so gut, daß es sich streckte und reckte und gegen Mittag schon ein richtiges kleines Blatt geworden war.

Da erst entdeckte es, daß der ganze Baum mit solch kleinen grünen Blättern übersät war. Die Umgebung gefiel ihm. Es war zwar noch alles sehr neu für das kleine Blatt, aber zuversichtlich schaute es in die Zukunft.

So manche Überraschung wartete noch auf das Blatt: Plötzlich regnete es; dann kam ein Vogel, setzte sich auf einen Ast und zwitscherte, zwei ganze Stunden lang. Auch lernte es den Wind kennen. Sturm gefiel ihm nicht so sehr, ebenso mochte das Blatt keine Übertreibung. Regen, gut – aber Hagel tat weh. Hitze war schön – aber nicht eine austrocknende Dürre.

Im Juni war das Blatt schon voll ausgewachsen und dunkelgrün. An einem Vormittag – die Vögel hatten gerade aufgehört, den Morgen zu besingen – wurde das Blatt von irgend etwas an seinem Stiel gekitzelt. Wenn es sich hätte kratzen können, bestimmt hätte das Blatt es jetzt getan. Es schielte an sich hinunter, und da sah es die Raupe. Sie balancierte auf seinem Stiel und sagte ein wenig müde: »Guten Tag.«

Nach den üblichen Höflichkeiten unterhielten sie sich über das Wetter, insbesondere über den Sommer, bis das Blatt schließlich fragte:
»Was führt dich eigentlich her?«
Die Raupe wetzte ein wenig nervös auf und ab:
»Ja, eh, ich wollte, ich möchte . . .« Dieser Satz schien kein Ende zu haben, und so begann die Raupe einen neuen:
»Ich habe eine große Bitte an dich. Du bekommst jeden Morgen von dem Baum deine Nahrung und brauchst dir dein Futter nicht zu suchen. Ich aber habe es gar nicht leicht, immer etwas Eßbares zu finden, und deshalb bin ich hier.«
»Wenn ich dir helfen könnte, würde ich es sofort tun«, antwortete das Blatt. »Doch ich weiß leider gar nicht, wie gerade ich dir helfen soll!«
»Du hast ein schönes grünes Kleid«, sprach die Raupe.
Ja, das Blatt war sehr stolz auf sein dunkles, gleichmäßiges Grün.
»Wenn ich ein ganz kleines Stück von deinem Gewande essen dürfte?«
Das Blatt dachte im ersten Moment, es habe falsch verstanden. Doch als es die Raupe ansah, wußte es, daß es richtig gehört hatte. Lange dachte das Blatt nach. Die Raupe war eigentlich ganz nett. Aber ein Stück von dem schönen grünen Kleid . . .? Es war nicht leicht für das Blatt, sich an diesen Gedanken zu gewöhnen, bis ihm etwas klar wurde: Sagte es nein, dann würde die Raupe wahrscheinlich trotzdem von seinem Kleid essen. Das Blatt könnte nichts dagegen tun. Sagte es aber ja, dann würde es der Raupe damit einen Gefallen tun, und es selbst hätte noch Freude an deren Dankbarkeit. Schließlich konnte man ja auch mit einem Loch im Kleid hübsch sein.

29

Das Blatt sagte ja, die Raupe wurde satt und blieb noch auf ein dankbares Schwätzchen.

Im Herbst konnte das Blatt mit dem Loch auf ein bewegtes, glückliches Leben zurückblicken. Mit herrlichen Farben empfing es sein Alter und fiel schaukelnd zur Erde.

JAMES KRÜSS

Der Mai und die Kinder

Auf einer Wiese, die zwischen Hügeln lag, aber nach allen vier Himmelsrichtungen Zugänge hatte, sind einmal die zwölf Monate zusammengekommen. Von Osten kamen der März, der April und der Mai, von Süden sind Juni, Juli und August gekommen, von Westen eilten September, Oktober und November herbei, und aus dem hohen Norden kamen der Dezember, der Januar und der Februar. Sie hatten sich alle feierlich angezogen. Aber am hübschesten war der Mai gekleidet. Er trug eine Weste aus Krokusblüten und eine knielange Blätterhose, er hatte auf dem Kopf einen Kranz aus Gänseblumen und in der Hand einen blühenden Kirschbaumzweig. Die anderen elf Monate sagten, als sie ihn sahen: »Er ist reizend angezogen, aber sonst ist er ein richtiger Taugenichts!«

Der Mai, als er das hörte, rief eine Schar Kinder herbei, die auf der Wiese spielte, und fragte: »Welcher Monat gefällt euch am besten?«

Die Kinder antworteten, ohne lange zu überlegen: »Du, Herr Mai, bist uns am liebsten!«

»Merkwürdig, daß der Mai den Kindern am besten gefällt«, sagten die übrigen elf Monate. Besonders die drei ernsten Wintermonate Dezember, Januar und Februar wunderten sich. Sie fragten die Kinder: »Warum gefällt euch ausgerechnet der Mai?«

»Weil der nicht so naß, so garstig und so kalt ist wie ihr«, antwortete ein kleines Mädchen.

»Aber er ist ein alberner Fratz!« sagten die drei Wintermonate. »Ihr könnt nichts von ihm lernen!«

»Doch«, erwiderte das Mädchen, »wir haben etwas von ihm gelernt, etwas sehr Schönes und Nützliches sogar!«

Das rissen die drei Wintermonate ihre eisblauen Augen auf und fragten: »Was kann man denn, bitt'schön, vom Mai lernen?«

»Das Singen!« rief das kleine Mädchen.

»Merkwürdig, daß man vom Mai tatsächlich etwas lernen kann«, sagten die übrigen elf Monate. Aber die drei drallen Sommermonate Juni, Juli und August fügten spöttisch hinzu: »Mag sein, daß man vom Mai das Singen lernt. Aber man kann nicht ewig singen. Und zu anderen Dingen ist der Mai nichts nütze. Der Teich nützt im Mai weder zum Schlittschuhlaufen noch zum Baden; die Erde ist zu kalt, um darauf zu liegen; und zum Schlittenfahren fehlt der Schnee. Die Obstbäume haben noch keine Früchte und die Felder noch kein Korn. Was also kann man im Mai tun? Nur singen, sonst nichts!«

Da trat ein Junge vor und sagte: »Falsch! Man kann im Mai etwas sehr Schönes und Wichtiges tun, wozu es im Winter zu kalt und im Sommer zu heiß ist.«

»Und was wäre das?« fragten die drei Sommermonate gespannt.

»Man kann im Freien tanzen!« rief der Junge.

»Merkwürdig, daß man im Mai tatsächlich etwas Erfreuliches tun kann«, sagten die übrigen elf Monate. Aber die plusterbäckigen drei Herbstmonate September, Oktober und November spotteten und riefen: »Mag sein, daß man im Mai singen und tanzen kann; aber Geschenke hat der Mai keine zu vergeben. Er hat keine Früchte zu verschenken wie wir, kein Korn wie der Sommer und keine Weisheit wie der Winter. Er ist ein armer Hungerleider.«

»Irrtum«, sagten die Kinder. »Der Mai hat wohl etwas zu verschenken. Man kann es nicht essen und nicht trinken, aber Augen und Nase sind glücklich darüber.«

»Und was wäre das?« fragten die drei Herbstmonate gespannt.

»Düfte und Blüten!« riefen die Kinder.

»Merkwürdig, daß der Mai tatsächlich etwas

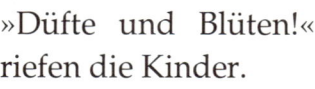

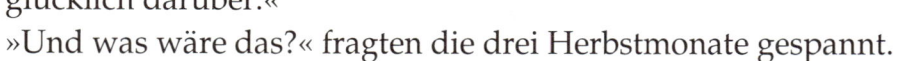

zu verschenken hat«, sagten die übrigen elf Monate. »Aber es sind bescheidene Geschenke«, sagte spöttisch der Juli. »Er hat keine Rosen und Astern anzubieten, sondern nur Obstbaumblüten und Gänseblümchen.«

»Stimmt, Herr Juli«, rief ein kleiner Junge. »Du hast kostbarere Blumen anzubieten als der Mai; aber du kommst, wenn der Gabentisch schon voll ist. Der Mai beschenkt uns, wenn wir arm sind!«

»Undankbares Volk«, fuhren März und April den Jungen an. »Bringen wir euch nicht die ersten Knospen, Kätzchen und Schneeglöckchen? Beschenken wir euch nicht viel früher als der Mai?«

»Natürlich«, sagte der Junge, »ihr, Herr März und Herr April, ihr bringt uns die ersten Farben im Jahr; aber ihr bringt sie zögernd und zurückhaltend. Der Mai schenkt fröhlicher und überschüttet uns mit Gaben.«

»Nun, nun«, fuhr der September dazwischen. »Immerhin hat der Sommer stolzere Blumen zu bieten, und der Herbst bringt reichen Früchtesegen.«

Jetzt nahm der Mai selber das Wort und sagte: »Herbst und Sommer verschwenden aus ihrem Reichtum. Ich aber bin arm und verschwende mich selber.«

»Merkwürdig«, sagten die übrigen elf Monate. »Jeder von uns tut sein Bestes für die Menschen. Aber den meisten Dank heimst der Mai ein, obwohl er der Leichtsinnigste von uns allen ist!«

»Das kommt, weil er Gott am ähnlichsten ist«, sagte ein altkluger Junge. »Der Mai erschafft wie er aus dem kahlen Erdreich eine ganze bunte Welt.«

Der Mai lachte über diese Bemerkung, schlug den Jungen mit dem Kirschblütenzweig auf den Kopf und sagte: »Nicht so vorwitzig, Kleiner! Jeder Monat gleicht Gott ein bißchen. Aber ganz gleicht ihm keiner. Daher hat er das größte Lob verdient!«

Diese Antwort versöhnte die übrigen elf Monate.

MIRA LOBE

»Wir machen die Welt!«

Draußen wird es schon dunkel. Marco und Heidi sitzen vor dem Fernseher und schauen zu, wie zwei Flugzeuge kämpfen. Es flirrt und flimmert, es bumst und kracht. Ein Flugzeug stürzt ab.

»Ich hab' das gern, wenn was kaputtgeht!« sagt Marco. »Und wenn es bumst und kracht.«

»Ich nicht«, sagt Heidi.

»Fernsehen ist mein Liebstes!« sagt Marco.

»Meins nicht. Spielen ist schöner. Mit Spielen kann man viel mehr machen.«

»Was denn zum Beispiel?«

»Die ganze Welt«, sagt Heidi. »Von Anfang an.«

»Na, dann los!«

Sie nehmen ein paar bunte Kissen mit auf den Teppich hinunter und die karierte Decke. Marco stellt den Fernseher ab. Heidi schaltet das Licht aus.

»Huu! Die Welt ist aber finster! Wo bist du, Marco?«

Sie verkriechen sich unter die Decke und rollen über den Teppich.

Sie kugeln hin und her. Sie wissen nicht mehr, wo vorn und hinten ist und oben und unten. Die Kinder, die Kissen, die Decke sind ein einziges Kuddelmuddel.

»Huu!« schreit Heidi. »Luft und Erde und Wasser, alles durcheinander! Ein richtiges To-hu-wa-bo-hu! Und so finster! Wir brauchen Licht!«

Marco wurstelt sich aus dem Knäuel und knipst die große Lampe an.

»Die Sonne!« ruft Heidi. »Jetzt hast du die Sonne gemacht. Guten Morgen.«

»Guten Morgen!« sagt Marco und wundert sich. »Ich dachte, es ist Abend.«

»Wenn es Abend ist«, sagt Heidi, »dann brauchen wir den Mond.« Sie schaltet die Stehlampe ein.

»Und die Sterne? Die malen wir uns.« Sie haben Papier und Buntstifte, sie malen viele Sterne, schneiden sie aus und verteilen sie im Wohnzimmer. Wo man hinsieht: ein Stern! Jetzt ist das Tohuwabohu hell. Sonne, Mond und Sterne. Aber es ist noch immer ein Tohuwabohu.

»Wir müssen Ordnung machen.« Heidi zerrt die Decke und die Kissen auseinander. Oben ist der Himmel und unten die Erde und das Wasser. Der blaue Teppich ist das Meer. Die karierte Decke ist ein Land. Die Kissen sind kleine Inseln.

Marco liegt auf dem Bauch und schwimmt. »Ich bin ein Walfisch! Fffft!« Er pustet in die Luft. »Siehst du meinen Springbrunnen? Fffft!«

Heidi ist ein kleiner Fisch und schwimmt dem großen davon – ans Ufer.

Sie breitet die Arme aus und flattert durchs Zimmer. »Ich bin ein Vogel!«
Marco flattert hinterher. »Ich auch.« – »Jetzt bauen wir uns ein Nest.«
Aber wo? Es gibt ja noch keine Bäume. Die müssen sie wieder malen.
Bäume mit Blättern und Bäume mit Nadeln. Bäume mit Äpfeln und
Bäume mit Birnen. Und hohe Palmen mit Kokosnüssen.

Auf dem schönsten Baum bauen sie ihr Nest. Sie polstern es mit Marcos
rotem Pullover und Heidis blauer Strumpfhose aus – ein warmes, wei-
ches Nest. Heidi legt zwei Pingpong-Bälle hinein und setzt sich drauf
zum Brüten.

»Sind unsere Kinder bald fertig?« fragt Marco.

»Noch lange nicht!« sagt die Vogelmutter und schlägt mit den Flügeln.
»Marco, jetzt bist du dran!«

Der Vogelvater setzt sich auf die Eier. »Ich glaube, sie piepsen schon. Ich
glaube, sie wollen schon heraus.«

»Noch lange nicht«, sagt die Vogelmutter und hüpft auf dem Nestrand
hin und her. »Guck mal! Dort unten geht ein Elefant spazieren.«

Marco wundert sich. »Wieso? Wir haben doch noch gar keine Elefanten
gemacht?«

»Dann wird es aber Zeit! Elefanten sind wichtig!« sagt Heidi.

Sie machen die Elefanten und trampeln durch den Wald.

Sie machen die Löwen und Tiger und schleichen durch die Steppe.

Sie machen Affen und Schlangen und klettern und kriechen durch den
Dschungel.

Sie machen Pferde und Kühe und Schweine. Sie machen alle Tiere, die ihnen einfallen. Die Welt wird immer voller.

»Fehlt noch was?« fragt Heidi.

»Autos!« sagt Marco. »Und Eisenbahnen und . . .«

»Menschen!« ruft Heidi. »Jetzt machen wir uns selbst.«

Sie ducken sich ganz klein zusammen und wachsen langsam in die Höhe.

»Guten Tag!« sagt Marco. »Ich bin der erste Mensch. Jetzt mache ich meine Autos und Flugzeuge. Und dann mache ich Bomben und Raketen, damit es bumst und kracht.«

»Nein, die machst du nicht!« ruft Heidi böse. »Willst du, daß alles wieder kaputtgeht? Unsere ganze schöne Welt? Denk dir gefälligst was anderes aus.«

»Was denn?« ruft Marco genauso böse. »Ich will aber, daß es bumst und kracht.«

Heidi denkt nach.

Auch Marco denkt nach. Lange Zeit ist es ganz still im Zimmer. Aber dann wird es laut. So laut wie noch nie. Die zwei machen das Gewitter. Es blitzt und donnert. Der Sturm reißt alle Kokosnüsse von den Palmen und schmettert sie zu Boden, daß es bumst und kracht.

Die Mutter kommt ins Zimmer gelaufen: »Aber Kinder, um Himmels willen, was macht ihr denn da?«

»Nichts!« sagen Marco und Heidi. »Wir machen nur die Welt.«

Sommer

ILSE KLEBERGER

Sommer

Weißt du, wie der Sommer riecht?
Nach Birnen und nach Nelken,
nach Äpfeln und Vergißmeinnicht,
die in der Sonne welken,
nach heißem Sand und kühlem See
und nassen Badehosen,
nach Wasserball und Sonnenkrem,
nach Straßenstaub und Rosen.

Weißt du, wie der Sommer schmeckt?
Nach gelben Aprikosen
und Walderdbeeren, halb versteckt
zwischen Gras und Moosen,
nach Himbeereis, Vanilleeis
und Eis aus Schokolade,
nach Sauerklee vom Wiesenrand
und Brauselimonade.

Weißt du, wie der Sommer klingt?
Nach einer Flötenweise,
die durch die Mittagsstille dringt,
ein Vogel zwitschert leise,
dumpf fällt ein Apfel in das Gras,
ein Wind rauscht in den Bäumen,
ein Kind lacht hell, dann schweigt es schnell
und möchte lieber träumen.

Der Löwe Leopold

Leopold war ein Spielzeuglöwe, der auf einem Brettchen mit vier Rädern stand, und Nele, ein kleines Mädchen mit kurzen Zöpfen, zog ihn an der Schnur hinter sich her.

An einem Sonnentag spielte Nele mit dem Löwen Karussell: Sie hielt die Schnur in der Hand, drehte sich im Kreis, und der Löwe schwebte mit dem Kopf nach unten durch die Luft. Doch die Schnur entglitt ihr, und sie konnte eben noch sehen, wie der Löwe aufs Garagendach fiel. Nele weinte nicht. Sie lief auch nicht zu ihrer Mutter oder bat den Nachbarn, der im Hof Holz hackte, ihr den Löwen vom Dach zu holen. Sie ließ ihn liegen und vergaß ihn.

Das war so ihre Art: Wo ihr ein Spielzeug aus der Hand fiel, dort ließ sie es liegen, und im nächsten Augenblick hatte sie es vergessen. Bald lag auf der Kellertreppe ihre Kasperpuppe, bald im Bäckerladen ihre Sandschaufel, und ihr großer blauer Ball, der im Geäst eines Baumes hängengeblieben war, fiel eines Morgens auf einen vorüberbrausenden Lastwagen und wurde nie mehr gesehen.

Diesmal aber geschah etwas, wovon später niemand recht sagen konnte, wie es geschehen war. Auf dem Garagendach herrschte eine Hitze wie in Afrika, die Sonne brannte und brannte, und da spürte der Löwe Leopold, wie sich seine Tatzen vom Brettchen ablösten: zuerst die linke Vordertatze, dann die rechte, und als er sie bewegen konnte, stand er auch schon auf allen vieren und war mit einem Satz auf der Erde.

Er lief dreimal um die Garage, aber er fand Nele nicht. Vielleicht hat ihre Mutter sie zum Milchmann geschickt, überlegte er und machte sich auf den Weg zum Milchgeschäft, wohin ihn Nele manchmal mitgenommen hatte. Er blieb nirgends stehen, damit nicht jemand denken konnte, Nele hätte ihn vergessen. Er wollte nicht wieder in eine Bodenkammer eingesperrt werden, denn da war es einmal schrecklich langweilig gewesen. Da hatte er neben einer eingerollten Fahne gelegen, die nicht mehr wehen

sollte. Doch Nele war weder im Milchgeschäft noch beim Bäcker, noch auf dem Sandplatz, und so ging Leopold nach Haus, stellte sich vor die Wohnungstür auf die Vordertatzen und drückte mit der Schwanzspitze auf den Klingelknopf.

Nele staunte, als sie Leopold vor der Tür stehen sah, aber dann sagte sie: »Na, komm herein«, denn wenn man spielt, ist es ja dasselbe, ob einem ein Spielzeuglöwe nachgelaufen ist oder ob man sich nur denkt, er sei einem nachgelaufen. Neles Mutter sagte: »Bei deinem Löwen fehlt ja das Brettchen.« Nele antwortete: »Das stört ihn doch beim Gehen.« Neles Vater aber sagte: »Wenn er gehen kann, muß er auch gefüttert werden, wer geht, bekommt Hunger.«

Und Neles Vater mußte es wissen, denn er war Briefträger. Leopold hatte aus Neles Hand immer nur gedachtes Gras gefressen, weil Nele der Meinung war, Löwen fräßen Gras. Nun bekam er ein richtiges Abendbrot, und als Spielzeuglöwen schmeckten ihm Makkaroni mit Schinken ebenso gut wie Vanillepudding mit Himbeersaft. Auf einem kleinen Gutenachtspaziergang erzählte dann der Vater Nele etwas von den Löwen in Afrika, und vor dem Einschlafen berichtete sie Leopold, der in der Spielzeugkiste lag und die Ohren spitzte, was sie sich davon gemerkt hatte. »Die Löwen, die kein Spielzeug sind, aber auch lebendig«, sagte sie, »die leben in der Steppe. Zwischen einem hohen Berg und einem großen See . . . Du denkst vielleicht, die fressen die Steppe, weil die aus Gras ist, aber die Löwen fressen Gnus . . . Ein Gnu ist eine wilde Kuh. Die ist aber sehr wild, sage ich dir, da hätte ich Angst . . . Oder manchmal fressen sie ein Zebra. Aber niemand kocht es ihnen . . . Und dann sind sie sehr stark. Sie nehmen ein Kalb ins Maul und springen über einen Zaun . . .« Und schon im Halbschlaf, sagte Nele: »Bin ich froh, daß du ein Spielzeuglöwe bist!«

Doch wer gefüttert wird, der wächst. Anfangs wuchs Leopold soviel, daß außer ihm noch der Teddy in der Spielzeugkiste Platz fand, dann soviel, daß nur er noch in der Spielzeugkiste Platz fand, und schließlich soviel, daß er eine Kiste brauchte, die dreieinhalbmal so groß sein mußte wie die Spielzeugkiste, wenn auch der Schwanz mit hineinpassen sollte.

Eines Tages nahm sich Leopold Nele als Spielzeug, und da es ein Sonntag war, faßte er sie mit den Zähnen am Schürzen- band, sprang mit ihr aufs Garagendach, setzte sie dort ab und verschwand. Vor Schreck kamen ihr nicht einmal Tränen. Sie riskierte einen Blick über den Dachrand nach unten, aber sie schreckte

gleich wieder zurück: War das tief! Sie rührte sich nicht von der Stelle und hielt es für das klügste zu tun, als spielten sie Verstecken.

»Leopold, kannst kommen!« rief sie.

Leopold lag sprungbereit am Garagentor, um Nele auffangen zu können, falls sie vom Dach fallen sollte, aber er zeigte sich nicht.

»Hol mich sofort vom Dach, Leopold!«

Er dachte nicht daran.

»Na warte! Ich zähle bis drei. Wenn du mich dann nicht vom Dach geholt hast, bekommst du heute abend Leber mit Blumenkohl!« Leber und Blumenkohl aß Nele nicht gern, und sie dachte, was ihr nicht schmeckt, würde auch Leopold nicht schmecken.

Leopold aber leckte sich die Lippen, so gern aß er Leber mit Blumenkohl. Er ließ Nele bis drei zählen und blieb versteckt.

Das Dach war schwarz und langweilig. Nele sagte: »Ich habe nur Spaß gemacht, Leopold. Du bekommst keine Leber mit Blumenkohl. Dafür gebe ich dir meine Heidelbeeren mit Milch.« Heidelbeeren mit Milch aß sie am liebsten.

Leopold war enttäuscht, daß er keine Leber mit Blumenkohl bekommen sollte. Heidelbeeren mit Milch lockten ihn nicht.

Die Sonne brannte und brannte, und Nele spürte, wie die nackten Fersen und die Handballen am heißen weichen

Dachteer festzukleben begannen. Sie blickte sich hilfesuchend um und entdeckte das Brettchen mit den Rädern und der Schnur, von dem Leopold abgegangen war. Da bekam sie plötzlich Angst, er könnte sie vergessen haben, wie sie ihn vergessen hatte, und zwei Tränenbäche stürzten über ihre Wangen. »Ich lass' dich nie, nie mehr auf dem Dach liegen, Leopold«, sagte sie schluchzend, so als ob er nicht schon selbst vom Dach springen könnte. »Und aufräumen will ich auch!« Das sagte sie, weil es in ihrem Zimmer immer aussah, als wäre ein Wirbelsturm zwischen die Spielsachen gefahren, so daß ihre Mutter oft schimpfen mußte. »Und . . . und ich will . . .« Aber Nele fiel vor lauter gutem Willen nichts ein, was sie noch hätte versprechen können.

Mit einem Satz war Leopold auf dem Dach, und mit einem zweiten trug er Nele wieder auf die Erde, wo sie ihn umarmte und einen tiefen Seufzer der Erleichterung ausstieß.

Neles Mutter, die vom Einkaufen gekommen war, hatte gehört, was für ein Versprechen Nele Leopold gegeben hatte, und am Abend sah sie nach, ob Nele es gehalten hatte. Die Puppe saß im Puppenwagen, die Bausteine lagen im Baukasten, der neue Ball hing im Ballnetz am Nagel, und der Kasper schaute hinter dem Vorhang des Kasperltheaters hervor. Da freute sich die Mutter und sagte zum Vater: »Seit Leopold groß ist, bessert sich Nele.«

Jana und der kleine Stern

Es war einmal ein kleines Mädchen, das hieß Jana. Und es war einmal ein kleiner Stern, der hatte keinen Namen. Jeden Abend, wenn das Mädchen schlafen ging, blickte er durch ihr Fenster. Und sie sagte: »Gute Nacht, kleiner Stern.« Und er zwinkerte ihr zu.

Einmal aber, als alles schlief, wurde Jana wach, und der kleine Stern saß auf ihrem Bett.

»Was machst du hier, kleiner Stern?« fragte sie.

»Oh«, sagte er, »ich habe mich zu weit aus meinem Fenster gelehnt, um dich sehen zu können, und da bin ich hinuntergefallen, geradewegs in dein Zimmer.«

»Das ist fein«, sagte das kleine Mädchen, »jetzt bleibst du immer bei mir.« Und sie wollte ihn nehmen und unter ihre Bettdecke legen, denn er zitterte gar schrecklich.

»Nein, nein«, rief da der kleine Stern, »heute nacht noch muß ich wieder hinauf, denn wenn der Tag kommt und ich noch hier bin, werde ich blind.«

Es half nicht, daß das kleine Mädchen traurig wurde. Der kleine Stern setzte sich aufs Fensterbrett und sprang ein Stückchen in die Höh', denn er wollte zurück an den dunklen Himmel fallen. Aber sosehr er auch all seine Kräfte anstrengte, er fiel immer wieder auf das Fensterbrett zurück. Und schließlich war er so schwach und müde, daß er da kauern blieb und zu weinen begann.

»Weine nicht, kleiner Stern«, rief da Jana und sprang aus ihrem Bett.

Sie nahm den kleinen Stern in beide Hände. »Ich werde dich jetzt hochwerfen«, sagte sie. »Paß auf.«

47

Und sie warf ihn hoch, so hoch sie nur konnte.

»Jetzt fliegst du«, rief sie. »Fall nicht wieder herunter, kleiner Stern.«

Aber schon saß er wieder auf dem Fensterbrett.

»Noch einmal«, sagte Jana.

»Ja, noch einmal«, sagte der kleine Stern.

Und das kleine Mädchen versuchte es ein zweites Mal, und wieder und wieder, bis auch sie sich erschöpft auf ihr Bett setzte.

So sehr weinte der kleine Stern, daß die Tränen ihn blaß machten.

»Laß uns nachdenken«, sagte Jana.

Und sie dachte nach.

»Ich hab's«, rief sie. »Wir laufen zur Meise.« Sie nahm den kleinen Stern unter ihren Arm und lief mit ihm zur Meise im Garten.

»Meise«, rief sie.

»Warum weckst du mich, Jana?« sagte die Meise.

»Hier ist der kleine Stern«, sagte Jana. »Er hat sich zu weit aus seinem Fenster gebeugt, um mich zu sehen, und da ist er zu mir heruntergefallen, geradewegs in mein Zimmer. Und nun muß er wieder hinauf, denn er wird blind, wenn der Tag kommt und er noch hier ist. Flieg mit ihm hinauf.«

»Das kann ich nicht«, sagte die Meise. »Ich bin zu schwach. Geh zur Lerche auf dem Feld.«

Und Jana nahm den kleinen Stern unter ihren Arm und lief mit ihm zur Lerche auf dem Feld.

»Lerche«, rief sie.

»Warum weckst du mich, Jana?« sagte die Lerche.

»Hier ist der kleine Stern«, sagte Jana. »Er hat sich zu weit aus seinem Fenster gebeugt, um mich zu sehen, und da ist er zu mir heruntergefallen, geradewegs in mein Zimmer. Und nun muß er wieder hinauf, denn er wird blind, wenn der Tag kommt und er noch hier ist. Flieg mit ihm hinauf.«

»Das kann ich nicht«, sagte die Lerche. »Ich bin zu schwach. Geh zum Adler auf dem Fels.«

Und Jana nahm den kleinen Stern unter ihren Arm und lief mit ihm zum Adler auf dem Fels. »Adler«, rief sie.

»Warum weckst du mich, Jana?« sagte der Adler.

»Hier ist der kleine Stern«, sagte Jana. »Er hat sich zu weit aus seinem Fenster gebeugt, um mich zu sehen, und da ist er zu mir heruntergefallen, geradewegs in mein Zimmer. Und nun muß er wieder hinauf, denn er wird blind, wenn der Tag kommt und er noch hier ist. Flieg mit ihm hinauf.«

»Das kann ich nicht«, sagte der Adler. »Ich bin zu schwach. Geh zum Flieger vor der Stadt.«

»Ich bin müde«, sagte Jana zum kleinen Stern, »und die Füße tun mir weh. Laß uns ein wenig ausruhen.«

»Nein«, bat der kleine Stern, »laß uns eilen, der Tag wird gleich aus dem Wasser steigen, und wenn er kommt, werde ich blind.« Und Jana nahm den kleinen Stern wieder unter ihren Arm.

»Setzt euch auf meinen Rücken«, sagte der Adler. »Ich werde euch zum Flieger vor der Stadt bringen.«

Jana und der kleine Stern taten, wie ihnen geheißen, und hielten sich an den Federn des Adlers fest, um während des Fluges nicht hinunterzufallen.

»Hier ist es«, sagte der Adler und ließ sich auf die Erde nieder.

»Flieger«, rief Jana.

»Warum weckst du mich, Jana?« sagte der Flieger.

»Hier ist der kleine Stern«, sagte Jana. »Er hat sich zu weit aus seinem Fenster gebeugt, um mich zu sehen, und da ist er zu mir heruntergefallen, geradewegs in mein Zimmer. Und nun muß er wieder hinauf, denn er wird blind, wenn der Tag kommt und er noch hier ist. Flieg mit ihm hinauf.«

»Das kann ich nicht«, sagte der Flieger. »Aber mein Bruder, der Kosmonaut, der hinter der Stadt wohnt und hinterm Feld und hinterm Wald, er kann den kleinen Stern wieder an den dunklen Himmel bringen. Setzt euch in mein Flugzeug. Ich fliege mit euch zu meinem Bruder.«

Jana nahm den kleinen Stern und setzte sich mit ihm neben den Flieger. »Hab Dank, Adler«, rief sie.

Und der Flieger flog mit Jana und dem kleinen Stern hinter die Stadt und hinter das Feld und hinter den Wald zu seinem Bruder, dem Kosmonauten. »Hier ist es«, sagte der Flieger und ließ das Flugzeug auf die Erde nieder.

»Kosmonaut«, rief Jana.

»Warum weckst du mich, Jana?« sagte der Kosmonaut.

»Hier ist der kleine Stern«, sagte Jana. »Er hat sich zu weit aus seinem Fenster gebeugt, um mich zu sehen, und da ist er zu mir heruntergefallen, geradewegs in mein Zimmer. Und nun muß er wieder hinauf, denn er wird blind, wenn der Tag kommt und er noch hier ist. Flieg mit ihm hinauf.«

»Leg dich zu mir in die Rakete, kleiner Stern«, sagte der Kosmonaut. »Ich werde dich zurück an den dunklen Himmel bringen.« – Und der kleine Stern legte sich neben den Kosmonauten in die Rakete.

»Auf Wiedersehen, Jana«, sagte der kleine Stern. »Hab Dank. Und grüß die Meise und die Lerche und den Adler. Auf Wiedersehen, Flieger«, rief er.

»Auf Wiedersehen, kleiner Stern«, rief der Flieger. »Gib acht, daß du nicht wieder herunterfällst.«

Und die Rakete flog hoch an den dunklen Himmel.

Als der Tag schon lange aus dem Wasser gestiegen war und die Sonne Janas Bett wärmte, kam die Mutter ins Zimmer und sagte: »Du willst heute wohl gar nicht wach werden, Jana.«

»Laß mich noch ein wenig schlafen«, sagte Jana. »Der kleine Stern war heute nacht in meinem Zimmer. Ich habe ihn zur Meise getragen und zur Lerche und zum Adler. Der Adler hat uns zum Flieger gebracht und der Flieger zu seinem Bruder, dem Kosmonauten. Denn der kleine Stern wird blind, wenn der Tag kommt und er noch hier ist.«

Die Mutter lachte, nahm Jana auf ihre Arme und hob sie aus dem Bett.

HANS BAUMANN

Der große Elefant und der kleine

Im Lande der Elefanten lebte ein kleiner Junge, der Roy hieß. Roy war kleiner als alle Jungen im Dorf, die wie er schon sieben Jahre alt waren. Er war nicht einmal so groß wie die Jungen mit fünf. Immer wieder fragte ihn einer: »Willst du nicht mehr wachsen?« Und das ärgerte ihn.

Roy war ein mutiger Junge. Er schwamm durch den Fluß, an dem das Dorf lag. Kein Junge in seinem Alter wagte das. Nicht einmal vor Schlangen fürchtete er sich. Nur vor der Frage »Willst du nicht mehr wachsen?« hatte er Angst. Und weil die anderen nicht aufhörten, ihn so zu fragen, hörte er auf, mit ihnen zu spielen.

Er fand einen Platz, an dem er vor Fragen sicher sein konnte: eine kleine Insel mitten im Fluß. Auf ihr stand ein Baum, höher und breiter als alle Bäume, die Roy jemals gesehen hatte. »Du bist mein Haus«, sagte Roy zu dem Baum. »Kein anderer hat ein so großes Haus, kein anderes Haus hat ein so breites Dach.« Roy versuchte, den Stamm des Baumes zu messen: fünfmal seine ausgebreiteten Arme! Und zwei der Wurzeln waren so dick, daß Roy nicht zu sehen war, wenn er sich zwischen sie setzte. Dieses Versteck war das Zimmer, in dem er schlief. Unter einer der Wurzeln hielt Roy verborgen, was er an Schätzen gesammelt hatte: zwei Muscheln, die innen wie Seide glänzten, und einige Kiesel, blau wie der Himmel.

Das alles hatte in einer Hand leicht Platz.

Eines Mittags schlief Roy unter seinem Baum. Er wurde wach, weil jemand auf ihn trat, nur einen Augenblick lang. Aber als Roy erschrocken auffuhr, sah er über sich einen Elefanten. Der Elefant ließ seinen Rüssel pendeln und blinzelte Roy zu, mit dem rechten Auge. Roy rückte ein wenig zur Seite, um Platz für den Elefanten zu machen.

Der Elefant sagte: »Schön ist es hier.«

Und da sagte Roy: »Genaugenommen ist es ja mein Haus. Aber wie man sieht, ist auch für dich noch Platz.«

»Tut mir leid, daß ich so groß bin«, sagte der Elefant.

»Macht nichts«, sagte Roy, »wir werden uns den Schatten teilen.«

»Nett von dir«, sagte der Elefant. »Aber was habe ich denn für dich?« Der Elefant überlegte lange.

Dann sagte er: »Ich werde auf dich aufpassen, damit der Tiger dich nicht stört, wenn du schläfst.«

»Ist er denn in der Nähe?« fragte Roy erschrocken. Mit dem Tiger hatte er nicht gerechnet.

Da hob der Elefant seinen Rüssel und trompetete laut. Roy sah, daß drüben am anderen Ufer etwas verschwand – der Tiger.

»Man merkt, daß er Angst vor dir hat«, sagte Roy.

»Er fürchtet sonst keinen«, sagte der Elefant. »Auch mich fürchtet er nur deshalb, weil ich so groß bin. Also, dann bis morgen!« Damit nahm er Abschied, schwamm über den Fluß und verschwand im Wald.

Auch Roy schwamm nach Hause. Er war stolz, daß er einen so großen Freund hatte. Mit ihm traf er sich nun Tag für Tag. So hätte alles gutgehen können. Mit der Zeit aber fand Roy sich selbst zu klein, gemessen an seinem einzigen Freund. Und eines Tages gestand er es ihm.

Der Elefant wiegte den mächtigen Kopf. »Was kann man da machen? Auch mir wäre es lieber, wir wären gleich groß.« Er überlegte und sagte

schließlich: »Vielleicht läßt sich doch etwas machen. Für einen Freund bringt man vieles fertig.«

Und am folgenden Tag staunte Roy nicht wenig: Der Elefant war kleiner geworden. Er mußte sich auf seinen Hinterbeinen aufrichten, um an die Äste zu kommen. Noch gestern war das nicht nötig gewesen.

Roy fragte ihn: »Wie ist so was nur möglich?«

Der Elefant hielt den Kopf schief und blinzelte Roy an, mit seinem linken Auge. Doch immer noch war der Elefant sehr groß, verglichen mit Roy.

Am nächsten Tag war es noch besser: Soviel der Elefant sich auch streckte, er konnte die Äste nicht mehr erreichen. Aber Roy reichte ihm nun schon an den Bauch. Als Roy wieder fragte: »Wie ist das nur möglich?«, blinzelte ihm der Elefant wieder zu, diesmal mit seinem rechten Auge.

Und so ging's weiter. Nach sechs Tagen war Roy fast so groß wie der Elefant. »Und morgen werde ich so groß sein wie du?« fragte Roy.

Der Elefant blinzelte, mit seinem linken Auge.

Und am Tag darauf war Roy so groß wie der Elefant. Der Elefant war so klein wie Roy. Roy war zufrieden. Er stellte sich dicht vor den Elefanten und fuhr mit der flachen Hand von Kopf zu Kopf: Er und der Elefant waren gleich groß! Da setzte sich Roy neben den Elefanten. Natürlich war nun der Elefant so groß, daß er den halben Himmel verdeckte.

Doch das störte Roy nicht. »Ich brauche nur aufzustehen, um so groß zu sein wie der Elefant«, dachte Roy. Er war so glücklich wie nie zuvor.

Nach einer Weile hörte er ein Fauchen. Der Elefant erstarrte vor Angst. Etwas Fürchterliches lag in der Luft. »Der Tiger!« dachte Roy. »Nun wagt er sich an den Elefanten, weil der so klein ist!«

Es war der Tiger, hoch in der Luft. Doch er stürzte sich nicht auf den Elefanten – er flog in weitem Bogen in den Fluß und schwamm eilig davon.

Der kleine Elefant war zur Seite gewichen, und nun dachte Roy: »Da steht ein Gespenst!« Ein großer Elefant stand neben dem kleinen.

»Wer bist du denn?« fragte Roy den großen Elefanten fassungslos.

»Dein alter Freund«, sagte der große Elefant, »kennst du mich denn nicht mehr?«

Roy war verwirrt. »Und wer ist der kleine? Ist er denn nicht du?« fragte er.

Der große Elefant schwang seinen Rüssel. Er schien um eine Antwort verlegen. Aber dann gab er zu: »An allem bin ich schuld, daran hätte ich denken müssen, daß der Tiger das ausnutzt.«

Er beruhigte den kleinen Elefanten, der dem davonschwimmenden Tiger nachsah, und sagte dann zu Roy: »Was blieb mir denn übrig, als ich merkte, daß ich für dich zu groß war. Ich mußte dir doch entgegenkommen. Zum Glück bin ich Herr einer stattlichen Herde. Da gibt's Elefanten in allen Größen. Ich schickte dir jeden Tag einen anderen – jeder war ein gutes Stück kleiner. Wir sind uns ja alle ziemlich ähnlich. So war es ganz einfach. Ich trug jedem auf, nur zu blinzeln, falls dir einfiele, ihn etwas zu fragen. Ich dachte an alles, nur nicht an den Tiger. Und da trabte ich los und kam gerade noch rechtzeitig, um ihm eins mit meinem Rüssel zu geben.«

»Dann hab' ich ja Freunde in allen Größen!« rief Roy und strahlte vor Glück.

»So ist es«, sagte der große Elefant. »Und die Größe spielt überhaupt keine Rolle.«

»Du bist viel größer, als man dir ansieht«, versicherte Roy und blinzelte dem Elefanten zu, erst mit dem rechten, dann mit dem linken Auge.

Da kugelten sich die beiden vor Spaß, der große Elefant und der kleine.

Katrin Arnold

Den Mond überholen

Tausend Kilometer weit fahren müssen Petra und Niels, wenn sie ihre Großeltern besuchen wollen. Beim Einsteigen neulich in das Auto freuten sie sich sehr, und auch den ersten Teil der Reise fanden sie noch ganz lustig. Aber irgendwann hatten sie alle Autospiele gespielt und die Kekse und das Obst gegessen und den Pfefferminztee getrunken, sie hatten einige Male Rast gehalten und beim Fahren auf den Rücksitzen geschlafen, Mutter und Vater hatten sich am Steuer abgelöst – und es wurde Mittag, es wurde Nachmittag, es wurde dämmerig, es wurde dunkel, sie fuhren und fuhren und waren noch nicht am Ziel. Petra war es furchtbar fad auf dieser langen, langweiligen Strecke, sie wäre am liebsten nie mehr mitgefahren.

Niels schaute aus dem Seitenfenster schräg in die Höhe, in die Dunkelheit hinein.

»Was siehst du denn so Spannendes«, fragte Petra grantig, »daß du dauernd nach draußen starrst?«

»Der Mond spielt mit uns«, sagte Niels, »er begleitet uns am Himmel.«

»Phhh«, machte Petra.

Sie fand solchen Kinderkram albern, wie Niels ihn da erzählte. »Der Mond ist viel zu groß und viel zu weit weg. Ausgerechnet mit uns soll er spielen, phhh.«

In diesem Moment fuhren sie durch einen dichten Fichtenwald. Der Mond verschwand.

»Du hast ihn geärgert«, sagte Niels. »Siehst du, er hat sich versteckt.«

Aber da verließen sie den düsteren Wald, und der Mond war wieder da. Er schwebte am Himmel vor ihrem Auto her, er tanzte über den Dächern

58

der Dörfer, er blitzte ihnen entgegen, wenn sie einen Berg hinaufgefahren waren, er ließ die Felder seltsam leuchten, die links und rechts der Straße lagen.

»Fahr bitte schneller«, sagte Niels zu seinem Vater, »vielleicht können wir den Mond überholen.«

Petra machte nicht mehr »phhh«. Sie wartete auch gespannt, ob es ihnen wohl gelingen würde, den Mond zu überholen. Vor der nächsten Stadt? Der Mond war längst als erster da. Nach dem nächsten Wald? Der Mond schien schön und voll vor ihnen.

»Noch zehn Minuten Autobahn, dann haben wir's geschafft«, erklärte die Mutter.

Schnurgerade zog sich die Autobahn vor ihnen hin, und der Mond blieb ruhig an seinem Platz vor ihnen, dicht über dem Horizont. Nein, sie würden es kaum schaffen, ihn zu überholen.

»Paßt auf, gleich sind wir da.« Der Vater steuerte den Wagen über eine Ausfahrt von der Autobahn, er fuhr eine lange, lange, lange Kurve . . . und als die Kurve zu Ende war, rief Niels fröhlich: »Jetzt haben wir den Mond doch überholt!«

Tatsächlich. Der Mond schimmerte nun durch das Rückfenster des Autos, blieb hinter ihnen fern am Himmel. Hatte er mit Niels und Petra gespielt oder nicht? Kann denn jemand mit dem Auto den Mond überholen?

BRUNO HORST BULL

Die Strandhöhle

Der Badeort, an dem Didi und Ulrich in diesem Jahr mit ihren Eltern Ferien machen, liegt an einer felsigen Steilküste. Jeden Morgen gehen sie von ihrem Hotel zum Strand. Sie müssen über die Uferstraße, und dann heißt es Treppensteigen. Nur über die Treppen gelangen die Badelustigen ans Meer. Das Wasser ist tiefblau und spiegelglatt. Nur wenn ein leichter Wind geht, bewegt sich die Wasseroberfläche. Dann bilden sich weiße Schaumkrönchen auf dem blauen Naß.

Zwischen den Felsen sind kleine Badebuchten. Körnigen Sand gibt es dort auch nicht. Aber man hat große Betonplatten zwischen die Steine gelegt und an den Felsen befestigt. Auf diesen kleinen Plattformen aus Beton kann man sein Handtuch ausbreiten und sich von der Sonne bescheinen lassen.

Die Eltern haben sich einen Platz vor einer düsteren Höhle ausgesucht. Dort finden alle vier genügend Raum zum Sonnenbaden. Die Höhle geht ein Stück in den Felsen hinein. Wahrscheinlich wurde sie in vielen, vielen tausend Jahren vom Salzwasser ausgewaschen. Niemand weiß genau, wo und wie die Höhle im Felsgestein des Berges endet. Dort drinnen ist es dunkel und eng, und man kann nur zwei oder drei Meter in sie hineingehen. Danach müßte man sich tief bücken und sich bald auf allen vieren vorwärts tasten.

Ulrich ist mit seinem Papa in der Höhle gewesen. Die Mama hat sich nicht hineingetraut und auch nicht Didi. Allerdings mußte auch der Papa bald wieder umkehren: Er ist zu dick für den schmalen Durchschlupf am hinteren Ende der Höhle. Selbst für Ulrich ist es dort zu niedrig. So bleibt auch er lieber im vorderen Teil der Höhle. Das heißt, meistens sitzt er vor der Höhle wie ein Indianer vor seinem Wigwam. Er läßt sich von der Sonne bräunen und erzählt dabei seiner kleinen Schwester genüßlich eine grausliche Geschichte. Natürlich handelt seine Geschichte von der Höhle hinter seinem Rücken. Eine ganz schlimme und außerdem auch noch gefährliche und geheimnisvolle Höhle muß das sein.

In ihr wohnt ein Riese, so erzählt Ulrich, der tagsüber schläft und der in der Nacht auf Menschenfang geht. Wenn Didi still ist und die Luft anhält, soll sie das Schnarchen des schrecklichen Riesen im Innern der Höhle hören können.

Didi bekommt einen bläulichen Kopf vom langen Atempressen und vom Luftanhalten. Gleichwohl hört sie überhaupt nichts. Der furchtbare Riese macht keinen Schnaufer. Er schnarcht bestimmt nicht!

Übrigens muß es ein absonderlicher Riese sein, der in dieser engen Höhle Platz hat. In einer Höhle, die so schmal ist, daß sich ein erwachsener Mensch wie der Papa da drinnen kaum umdrehen kann. Ulrich sieht ein, daß es nicht besonders gut war, sich für diese kleine Höhle einen schrecklichen Höhlenriesen auszudenken.

Am nächsten Morgen schwenkt er um. Jetzt wohnt angeblich eine alte Hexe in der Höhle. Eine Hexe, die zaubern kann. Außerdem vergiftet sie die zahmen Tauben

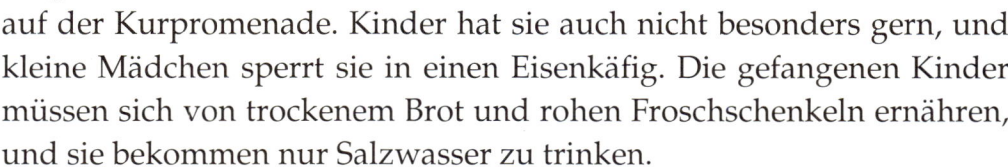

auf der Kurpromenade. Kinder hat sie auch nicht besonders gern, und kleine Mädchen sperrt sie in einen Eisenkäfig. Die gefangenen Kinder müssen sich von trockenem Brot und rohen Froschschenkeln ernähren, und sie bekommen nur Salzwasser zu trinken.

Didi weiß, wie scheußlich Salzwasser aus dem Meer schmeckt. Sie hat beim Baden ein bißchen davon in den Mund bekommen. Das Mädchen

schüttelt sich, wenn es an die verruchte Hexe denkt. Sie soll eine besonders dürre, alte und zerlumpte Hexe sein. Eine Hexe, die nicht gut riecht.
Didi schnuppert vorsichtig in die Höhle hinein: Es stimmt! Aus der Höhle
riecht es heute morgen wirklich nicht gut. Wahrscheinlich kommt es
daher, daß ein Badegast heimlich in die Höhle gepinkelt hat. Doch das
ist nicht sicher. Vielleicht hat ein Obdachloser in der Höhle übernachtet?
Didi läuft es kalt den Rücken hinunter, wenn sie an die stinkige Hexe
denkt. Eigentlich weiß sie, daß auch diese Geschichte nicht stimmt. Ihr
großer Bruder hat sich wieder etwas ausgedacht, damit sich Didi gruseln
und fürchten soll. Gestern war es ein Höhlenriese. Heute ist es eine Hexe.
Was wird er sich morgen wohl ausdenken? Hoffentlich erzählt er nichts
von Schlangen! Alles andere darf er erfinden; selbst einen grünschuppi-
gen Drachen, der Feuer speit, darf er sich ausdenken. Nur von Schlangen
soll er nichts berichten. Vor Schlangen hat Didi die größte Angst, ehrlich!
Ob Ulrich so gemein sein wird und sich giftige Schlangen ausdenkt?

Irina Korschunow

Niki hat Mut

Als Niki in die große Stadt zog, konnte er noch nicht schwimmen. Am Stadtrand, wo er gewohnt hatte, gab es keine Badeanstalt, nur einen Fluß. Und der Fluß war für kleinere Kinder viel zu reißend.

In der Stadt war das ganz anders. Dort hatte Niki gleich zwei Badeanstalten in der Nähe: Ein Freibad für den Sommer und ein Hallenbad für den Winter. Aber leider nützten sie ihm nicht viel. Die Kinder aus dem Haus konnten fast alle schwimmen und durften allein zum Baden gehen. Nur Niki mußte warten, bis die Mutter oder der Vater Zeit hatten, und das war nicht oft.

»Laßt mich doch mit den anderen mitgehen«, bettelte er immer wieder. Die Mutter schüttelte jedesmal den Kopf. »Das ist viel zu gefährlich. Du kannst ja nicht schwimmen.«

Das ging den ganzen Sommer so, bis es Niki eines Tages zu dumm wurde. »Dann muß ich es eben lernen«, sagte er, und im Herbst meldete er sich im Hallenbad zum Schwimmkurs an. Der Bademeister band ihm einen Schwimmgürtel um den Bauch, damit mußte er sich aufs Wasser legen. Zuerst durfte er sich beim Üben an einem Brett festhalten. Aber bald brauchte er es nicht mehr, denn er hatte gelernt, die Beine vorschriftsmäßig zu bewegen. Nach ein paar Wochen konnte er sich schon ohne Gürtel über Wasser halten. Er übte und übte, nicht nur mit dem Bademeister, sondern auch mit der Mutter oder dem Vater. Trotzdem dauerte es eine Ewigkeit, bis er fünfzehn Minuten schwimmen konnte, ohne sich zwischendurch auszuruhen oder festzuhalten. Erst im Frühling war es soweit: Niki schwamm sich frei.

Das wurde ein großer Festtag! Er bekam eine Urkunde, und die Mutter nähte ein Freischwimmerabzeichen an seine Badehose. Sie backte eine Erdbeertorte, der Vater schenkte ihm fünf Mark, und alle freuten sich. Das Wichtigste aber für Niki war, daß er von nun an ohne Vater oder Mutter in die Badeanstalt gehen durfte, zusammen mit Thomas, Peter und Tim und wie sie alle hießen. Nur daß auch der große Bernd manch- mal dabei war, paßte ihm nicht.

Zum Glück kümmerte sich der große Bernd nicht viel um Niki. Er fand meistens große Jungen zum Herumtoben, und Niki konnte in Ruhe mit seinen Freunden schwimmen, tauchen und springen. Denn er hatte sogar schon gelernt, einen Kopfsprung vom Einmeterbrett zu machen.

Eines Tages war Niki allein in der Badeanstalt. Thomas hatte zu einem Tantengeburtstag gehen müssen, und auch von den anderen war nie- mand da. Niki fand es trotzdem lustig. Er schlug Purzelbäume im Wasser, spielte Unterseeboot und Walfisch und wollte danach ein biß- chen springen. Doch als er auf das Einmeterbrett zulief, hielt ihn jemand von hinten fest. Niki drehte sich um. Es war Bernd.

»Mit deiner Hüpferei ist ja nichts los«, sagte er. »Komm mit, wir springen jetzt alle vom Dreimeterbrett runter.«

Niki versuchte, sich loszumachen.

»Ich hab' keine Lust«, murmelte er.

»Quatsch nicht«, sagte Bernd. »Du hast Angst. Seht euch den Feigling an.«

Die drei Jungen, die um ihn herumstanden, lachten.

»Überhaupt nicht wahr«, rief Niki. »Ich hab' keine Angst.«

Das stimmte nun wirklich nicht. Niki hatte Angst, schreckliche Angst sogar. Er hatte schon einmal oben auf dem Sprungturm gestanden. Aber nach einem Blick in die Tiefe war er schnell wieder umgekehrt. Bei dem Gedanken, wieder hinaufklettern zu müssen, wurde ihm beinahe schlecht. Nur vor einem fürchtete er sich noch mehr: dem großen Bernd seine Angst zu zeigen.

Er lacht mich aus, dachte Niki. Alle lachen mich aus.

Und weil er nicht ausgelacht werden wollte, ließ er sich von Bernd zum Sprungturm schieben.

Schritt für Schritt stieg er die Leiter hinauf, höher, noch höher, dann war sie zu Ende. Niki stand auf dem Turm.

Ängstlich klammerte er sich am Geländer fest. Tief unten war das Wasser. Es sah nicht mehr blau, sondern schwarz aus, schwarz und gefährlich. Nikis Herz begann laut zu klopfen. Er wollte nicht feige sein, er wollte nicht ausgelacht werden. Herunterspringen – von hier oben herunterspringen! Ob er es mal versuchte?

»Los, hopp«, sagte der große Bernd. »Du zuerst, und wir hinterher.« Er nahm Niki bei den Schultern, um ihn aufs Sprungbrett zu stoßen. Es waren nur noch ein paar Schritte bis zur vordersten Spitze. Wer dort stand und einen kleinen Schubs bekam . . .

Niki riß sich los.

»Nein! Nein Nein!« schrie er, stürzte zur Leiter und machte sich davon. Die anderen lachten hinter ihm her. »Feigling! Baby!« schrie Bernd. »Feigling! Baby!« Niki wäre beinahe die Leiter hinuntergefallen, so jämmerlich war ihm zumute. Er schämte sich vor der ganzen Badeanstalt. Mit eingezogenem Kopf lief er zur Umkleidekabine, nahm seine Sachen und ging nach Hause.

»Schon wieder da?« fragte die Mutter erstaunt.

Niki rannte an ihr vorbei und verkroch sich in seinem Zimmer. Erst beim Abendessen ließ er sich wieder blicken.

»Na, wie war's in der Badeanstalt?« erkundigte sich der Vater.

Niki wurde rot. Es dauerte eine Weile, bis er antwortete.

»Ich geh' nie wieder hin«, sagte er schließlich.

»Warum denn nicht?« wunderte sich die Mutter. »Ich denke, das ist das Schönste vom ganzen Sommer.«

Niki stocherte auf seinem Teller herum.

»Der große Bernd . . .«, sagte er. »Der hat . . .« Dann erzählte er, was passiert war.

»Das ist ja unerhört«, rief die Mutter.

»Dieser Bernd ist ein ekelhafter Bengel.«

»Und deswegen willst du nicht mehr zum Baden gehen?« fragte der Vater.

Niki nickte.

»Na schön«, meinte der Vater.

»Bleib zu Hause. Aber ich will dir mal was sagen: Feige warst du nicht. Du bist erst sieben, und mit sieben braucht man nicht vom Dreimeterbrett zu springen. Dazu ist später noch Zeit.«

»Aber der große Bernd . . .«, rief Niki.

»Der Bernd, der ist feige«, sagte der Vater. »Einen Kleineren quälen, das ist feige und gemein. So einen Feigling laß ruhig über dich lachen.«

»Die anderen Leute . . .«, rief Niki.

»Die anderen Leute haben wahrscheinlich nicht mal etwas gemerkt«, sagte der Vater. »Und der Bernd, der reibt sich die Hände, weil er dich vergrault hat. Weißt du, was mutig wäre? Wenn du morgen wieder in die Badeanstalt gehst und ihm zeigst, daß du dich nicht kleinkriegen läßt. Wirklich, das wäre mutig. Viel mutiger als ein Sprung vom Dreimeterbrett.«

»Glaub' ich nicht«, sagte Niki, und die nächsten zwei Tage blieb er zu Hause. Nicht einmal auf dem Hof zeigte er sich. Aber am dritten Nachmittag klingelte Thomas an der Tür.

»Los, wir gehen zum Baden«, sagte er. »Guck mal, ich hab' einen neuen Wasserball. Peter kommt auch mit, das wird toll.«

»Ach, lieber nicht«, wollte Niki anfangen. Doch da sah er die Sonne am Himmel und den Wasserball unter Thomas' Arm, und er sagte etwas anderes: »Ich komme gleich«, rief er, holte sein Badezeug und rannte mit Thomas zum Lift.

Herbst

ELISABETH BORCHERS

Oktober

Es kommt eine Zeit
da fragen wir uns
Was soll denn nur werden

Die Luft schmeckt
so bitter

Die Vögel sind
über alle Berge

Der Nebel macht
die Häuser bleich

Aufs Dach trommeln
Kastanien

Die kleinen Tiere gehn
unter der Erde spazieren

Wir müssen ins Haus zurück
da hält uns der Regen gefangen

RUDOLF NEUMANN

Das kleine Gewitter

Am Sonntag durfte die Sonne scheinen. Am Montag ging der Ostwind auf die Reise. Am Dienstag, noch vor Tau und Tag, trieb Petrus schon die grauen Wolkenschafe aus den Hürden.

Das kleine Gewitter rummelte und grummelte die ganze Zeit vor sich hin.

»Wann darf denn ich mal?« rief es ungeduldig.

»Du?« fragte Petrus lächelnd. »Vielleicht am nächsten Donnerstag!«

Und wirklich: Am Donnerstag, in aller Frühe, sperrte Herr Petrus für das kleine Gewitter das Himmelstor auf.

Das kleine Gewitter brauste zur Erde.

»Wer bist denn du?« fragte der Kirchturmhahn erstaunt.

»Das kleine Gewitter!« sagte das kleine Gewitter. »Komm, spiel mit mir!« Und damit packte es den Hahn und drehte ihn im Kreis herum; immer schneller, immer schneller – bis ihm am Ende ganz schwindlig war.

»Halt, halt!« schrie der arme Hahn. Aber da war das kleine Gewitter schon auf und davon.

Auf dem Marktplatz standen vor dem Stadtcafé neun Oleanderbäumchen, in bunte Kübel eingepflanzt, schön aufrecht, eines hinter dem anderen. Huii –! sauste das kleine Gewitter daher. Und drei, fünf, sieben, acht und neun – tatsächlich: Alle warf es um! Das kleine Gewitter stob auf und davon.

Im Rinnstein in der Martinsgasse lag schon seit Tagen eine leere Ölsardinenbüchse; die hatte wohl das Müllauto verloren. Huii –! sauste das kleine Gewitter daher. Wie schepperte die Büchse! Rechts an die Mauer, peng! Links an die Mauer, peng! Und dann mit einem Schuß ins Tor!

Das kleine Gewitter schoß auch mit durch das Tor hindurch. Es kam in einen Garten. Da hing noch Wäsche auf der Leine. Hihihihi, kicherte das kleine Gewitter und zauste eine Schürze ab. Und schon kam eine Frau mit einem Wäschekorb gelaufen. Wo ist denn meine Schürze? dachte sie erschrocken und sah sich suchend danach um. Ja, wo? Im Pflaumenbaum, da hing sie jetzt! Ganz oben, am höchsten Ast! Das kleine Gewitter war längst auf und davon.

Was für ein Wetter! dachte der Herr Bürgermeister, der eben aus dem Rathaus kam. Ein schreckliches Wetter! Huii –! sauste das kleine Gewitter daher und riß dem Bürgermeister mit einem Griff den Hut vom Kopf.

Was für ein Wetter! dachte sich der Dieb. Er schlich zu einem Haus, dessen Bewohner waren allesamt verreist. Das hatte er vorher ausspioniert. Ein herrliches Wetter! dachte der Dieb. Kein Mensch hört, wenn eine Fensterscheibe splittert! Und schon warf er die Scheibe ein.

Was für ein Wetter! dachte auch der Polizist, der in der Bahnhofstraße stand, um den Verkehr zu regeln. Aber bei diesem Wetter gab es gar keinen Verkehr, denn jeder blieb zu Hause. Doch da kam wenigstens ein Hut! Der Schutzmann streckte die Arme aus und sperrte schnell die Straße. Das nützte aber gar nichts; der Hut kümmerte sich überhaupt nicht um ihn.

»Halt!« schrie der Schutzmann ärgerlich. »Halt!« klang es wie ein Echo. Das war der Bürgermeister, der eben um die Ecke bog. »So nehmen Sie den Hut doch fest!«

  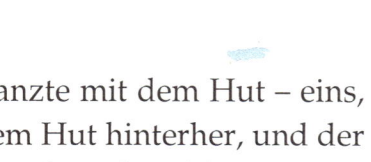

Hohohoho, spottete das kleine Gewitter. Es tanzte mit dem Hut – eins, zwei – davon. Und der Schutzmann rannte dem Hut hinterher, und der Bürgermeister dem Schutzmann. Doch als sie sich nach wilder Jagd am

Ende alle fanden – sieh an: Da standen sie vor einem Haus, bei dem ein Fenster offenstand! Die Scheibe war zerbrochen.

»Nanu?« sagte der Bürgermeister.

»Nanu?« sagte der Schutzmann.

»Nanu?« sagte zum Schluß der Dieb, als er mit seiner Beute gerade wieder aus dem Fenster klettern wollte und rechts und links zu seinem Schreck zwei starke Fäuste spürte.

Huhuhuhu, heulte das kleine Gewitter und tobte davon.

Da merkte es auf einmal, daß es ganz schrecklich müde war. Es pfiff noch rasch ein paarmal um die Ecken – aber was Rechtes war das schon nicht mehr.

Huhu – ahu–! begann es da zu gähnen.

»So müde?« fragte eine Stimme, die ihm so recht vertraut klang. Und wie es hinsah, war's die Sonne. Die schob die grauen Wolken auseinander und blinzelte ihm fröhlich zu.

»Na, marsch nach Hause!« sagte sie.

Da hüpfte das kleine Gewitter mit einem Satz auf eine der Wolken und flog mit ihr zum Himmel auf. Petrus stand schon vor dem Tor.

»Na –?« fragte er, »wie war es?«

»Ach, toll!« seufzte das kleine Gewitter beglückt. »Mit dem Kirchturmhahn habe ich Kreisel gespielt, mit den Oleanderbäumchen Kegel. Mit der Ölsardinenbüchse Fußball und mit der Schürze Versteck. Mit dem Bürgermeister Nachlauf. Und mit dem Räuber und dem Schutzmann – huhu ahu! – und mit dem Räuber und dem Schutzmann, da habe ich Räuber und Schutzmann gespielt!«

Es kuschelte sich tief in seine weiche, graue Wolke und murmelte, schon halb im Schlaf:

»Wann darf ich denn mal wieder?«

»Wann?« sagte Petrus lächelnd und schob die Himmelspforte zu. »Am nächsten Donnerstag vielleicht, das werden wir noch sehen.«

BARBARA BARTOS-HÖPPNER

Roter Milan fliegt nach Amerika

Jeden Nachmittag geht Rolf auf den Dachboden. Er sägt und hämmert, schneidet und klebt. Rolf bastelt sich einen Papierdrachen. Manchmal hört er den Wind an den Dachpfannen rütteln. Bald bekommst du zu tun, mein Lieber, denkt Rolf.

Sein Freund Peter bastelt sich auch einen Drachen, einen gelben. Rolfs Drachen ist rot, und Rolf denkt: Mein Drachen soll den längsten Schwanz haben und am allerhöchsten fliegen.

Rolf sucht nach einem Namen für seinen Drachen. Es fällt ihm alles mögliche ein, alles mögliche, das rot ist wie Ölpapier, aus dem sein Drachen geschneidert ist: Tomaten und Radieschen und Johannisbeeren, rote Tinte und rote Rüben. Aber das will alles nicht zu seinem Drachen passen, der am allerhöchsten hinauf in den Himmel soll. Es muß etwas sein, was fliegen kann, denkt Rolf. Roter Falke vielleicht, roter Adler oder so was.

Plötzlich weiß Rolf seinen Namen: Roter Milan. Ja, das ist gut.

»Du bist mein Roter Milan«, sagt Rolf zu seinem Drachen und knotet den letzten Papierstreifen an den Schwanz. Jetzt ist der Drachen fertig.

Rolf holt seine Sparbüchse und schüttelt sie leer. Wenn Roter Milan am höchsten fliegen soll, braucht er die längste Schnur. Vierhundert Meter bekommt Rolf für sein Geld. Er wickelt die Schnur auf eine Holzrolle und bindet das Ende am Roten Milan fest.

Am Nachmittag gehen Rolf und Peter zur Wiese.

»Ich habe meinem Drachen einen Namen gegeben«, sagt Rolf. »Er heißt Roter Milan.«

»Roter Milan?« fragt Peter. »Was ist denn das? Ein Vogel?«

»Natürlich ist es ein Vogel, denkst du vielleicht, ein Auto?«

»Ist es ein großer Vogel?« fragt Peter.

»Sehr groß«, antwortet Rolf.

»Kann er hoch fliegen?«

Rolf nickt.

»So hoch wie ein Adler?« fragt Peter.

»Mindestens.«

»Dann heißt mein Drachen Gelber Adler.«

»Gelbe Adler gibt's gar nicht!«

»Rote Milane vielleicht?« fragt Peter.

»Ja, gibt es, sonst würden sie doch nicht so heißen«, sagt Rolf. »Und wenn sie wollen, können sie bis nach Amerika fliegen.«

»Und Gelber Adler fliegt bis nach Australien«, sagt Peter, »das ist bestimmt viel weiter als Amerika.«

Rolf weiß nicht, ob Australien weiter weg ist als Amerika, deshalb fragt er: »Wieviel Schnur hast du?«

»Zweihundert Meter.«

»Kommt er nicht bis Australien«, sagt Rolf.

»Wieviel hast du denn?« fragt Peter.

»Vierhundert.«

»Vierhundert?« Peter staunt. Dann sagt er: »Kommt er trotzdem nicht bis Amerika, höchstens, wenn du losläßt.«

»Loslassen? Bei dir piept's wohl! Wär' ja mein Drachen weg!«

Sie sind auf der Wiese und wickeln die langen, raschelnden Drachenschwänze auseinander. Rolf läuft zuerst. Er setzt Roter Milan dem Wind genau auf den Rücken, läßt los und wickelt wie wild die Drachenschnur vom Holz. Roter Milan steigt drei Meter, fünf Meter, steckt die Nase nach unten und tanzt auf unsichtbaren Wellen. Dann nimmt er Anlauf und steigt steil hinauf in den Himmel. Rolf hat Mühe, genug Schnur nachzuschicken, so ruckt und reißt Roter Milan daran herum.

»Mann!« sagt Peter. »Doll!«

Rolf wird schwindlig vor Freude. »Hörst du ihn knattern?« ruft er, läuft

ein Stück, hält an, ganz wie es Roter Milan haben muß. »Laß deinen Drachen auch hinauf, mal sehen, ob er es so hoch schafft wie meiner.«

Peters Gelber Adler springt wie ein widerspenstiger Esel, bevor er ein paar Meter in die Höhe steigt. Er wirft seinen Schwanz hin und her, überschlägt sich und landet im Sturzflug auf der Wiese. Peter versucht es von neuem. Er rennt los, schleudert seinen Drachen in die Höhe und stürmt weiter. Gelber Adler dreht aufgeregt kleine Kreise, nur hochsteigen will er nicht. Rolf sitzt auf der Wiese und wirft stolze Blicke zum Roten Milan hinauf. »Wenn er wollte, käme er doch bis Amerika«, sagt er.

Peter ist dem Heulen nahe. »Könntest du mir nicht helfen?« jammert er. »Komm her!« sagt Rolf. »Nimm das Holz und halte Roter Milan. Aber fest, damit er nicht davonfliegt. Die Schnur hat Spannung.« Rolf läuft mit Gelber Adler. Peter hält das Holz, an dem Roter Milan hängt.

Der Wind kommt im richtigen Augenblick. Er packt Gelber Adler und reißt ihn hoch. Rolf läßt Schnur nach, und der Drachen steigt. Plötzlich stürzt er und stürzt. Rolf läuft wie besessen. Wieder faßt der Wind zu, und jetzt trägt er den Drachen wirbelnd in die Höhe.

Peter sieht ihm nach und vergißt die Holzrolle in seinen Händen. »Jetzt fliegt dein Drachen«, ruft Rolf. Da sieht er Peters leere Hände.

»Mein Roter Milan! Mein Roter Milan!«

Immer höher steigt Roter Milan, immer kleiner ist er zu sehen. Nun ist es Rolf, dem das Weinen im Hals sitzt.

»Jetzt fliegt Roter Milan doch bis Amerika«, sagt Peter und lacht. »Und ich hab's nicht glauben wollen.«

»Mein Roter Milan! Mein schöner Roter Milan!« Rolf schluckt. »Du bist schuld.« Er wirft die Holzrolle von Peters Drachen hoch in die Luft. »Und Gelber Adler fliegt nach Australien! Hab' ich auch nicht glauben wollen.«

LEO N. TOLSTOI

Die Schwäne

Eine Schar von Schwänen flog aus den kalten Gegenden in die warmen Länder. Die Schwäne zogen übers Meer. Tag und Nacht und einen weiteren Tag und noch eine Nacht flogen sie, ohne sich auszuruhen. Am Himmel stand der Vollmond, und die Schwäne sahen tief unter sich das dunkle Wasser. Alle Schwäne waren müde vom Flügelschlagen, flogen aber immer weiter.

An der Spitze zogen alte, starke Schwäne, ihnen folgten die jüngeren und schwächeren.

Ein junger Schwan flog als letzter. Seine Kräfte ließen nach. Er schlug mit den Flügeln und konnte nicht mehr weiter. Da hielt er die Flügel ruhig und ließ sich niedergleiten. Er näherte sich immer mehr dem Wasser, während seine Kameraden oben am Himmel im Mondenschein davonzogen.

Der Schwan ließ sich auf das Wasser gleiten und legte seine Flügel zusammen.

Das unruhige Meer wiegte ihn hin und her. Die anderen Schwäne waren nur noch als silberner Streifen am Horizont zu sehen. Ganz leise sangen in der Stille ihre Flügel.

Als sie völlig den Blicken entschwunden waren, legte der erschöpfte Schwan seinen Hals auf den Rücken und schloß die Augen. Er bewegte sich nicht.

Nur das Meer hob und senkte sich in breiten Wellen und wiegte ihn auf und nieder.

Vor dem Morgengrauen kräuselte ein leichter Wind das Meer. Das Wasser spritzte gegen die weiße Schwanenbrust.

Der Schwan schlug die Augen auf.

Im Osten rötete sich der Morgenhimmel.

Mond und Sterne verblaßten.

Der Schwan seufzte, reckte den schlanken Hals, schlug mit den Flügeln, erhob sich und flog davon. Er stieg immer höher und höher, und das Wasser lag bald tief unter ihm. Er flog dorthin, wo die warmen Länder liegen, über verborgene, geheimnisvolle Gewässer, dorthin, wohin seine Kameraden geflogen waren.

MAX BOLLIGER

Der grüne Fuchs

An einem Waldrand wohnte ein kleiner grüner Fuchs. Wenn er vor seiner Höhle saß, sah er in der Nähe einen Bauernhof und in der Ferne die Türme der Stadt. Er hörte die Vögel singen, die Kühe muhen, die Mähmaschine knattern und das Läuten der Kirchenglocken. Er kannte den Tag und die Nacht, die Sonne, den Mond und die Sterne. Er kannte die Jahreszeiten, den Frühling, den Sommer, den Herbst und den Winter. Seit der Jäger die Mutter totgeschossen hatte, war der kleine grüne Fuchs einsam.

Er fand niemanden, der mit ihm die Höhle teilen wollte, den Tag und die Nacht, den Frühling, den Sommer, den Herbst und den Winter.

»Nein!« sagten die roten Füchse, »mit einem grünen Fuchs wollen wir nichts zu tun haben.«

Da wurde der kleine grüne Fuchs böse.

Eines Tages jagte er vor dem Bauernhof ein weißes Hühnchen.

»Du gefällst mir«, sagte er, packte das Hühnchen und schleppte es nach Hause.

»Willst du mit mir die Höhle teilen, den Tag und die Nacht, den Frühling, den Sommer, den Herbst und den Winter?« fragte er.

»Nein!« schrie das weiße Hühnchen, drückte sich in eine Ecke und zitterte vor Angst.

Da wurde der kleine grüne Fuchs böse und aß es auf.

Bald darauf jagte der kleine grüne Fuchs im Rübenacker ein braunes Häschen.

»Du gefällst mir«, sagte er, packte das Häschen und schleppte es nach Hause.

»Willst du mit mir die Höhle teilen, den Tag und die Nacht, den Frühling, den Sommer, den Herbst und den Winter?« fragte er.

»Nein!« schrie das braune Häschen, drückte sich in eine Ecke und zitterte vor Angst.

Da wurde der kleine grüne Fuchs böse und aß es auf.

Dann jagte der kleine grüne Fuchs am Fuß einer Tanne ein rotes Eichhörnchen.

»Du gefällst mir«, sagte er, packte das Eichhörnchen und schleppte es nach Hause.

»Willst du mit mir die Höhle teilen, den Tag und die Nacht, den Frühling, den Sommer, den Herbst und den Winter?« fragte er.

»Nein!« schrie das rote Eichhörnchen, drückte sich in eine Ecke und zitterte vor Angst.

Da wurde der kleine grüne Fuchs böse und aß es auf. Sie haben alle Angst vor mir, dachte er und wurde traurig.

Er schlich durch den Wald. Er lief über Äcker und Wiesen und stand allein vor dem Bauernhaus.

Aber eines Abends entdeckte er am Gartenzaun eine Rose.

»Du gefällst mir«, sagte er, brach die Rose und trug sie nach Hause.

»Willst du mit mir die Höhle teilen, den Tag und die Nacht, den Frühling, den Sommer, den Herbst und den Winter?« fragte er.

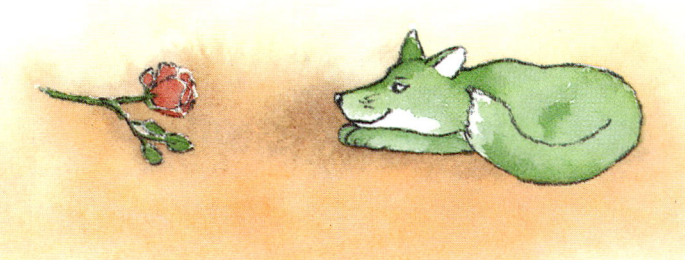

Da erfüllte die Rose seine Höhle mit ihrem köstlichen Duft, und der kleine grüne Fuchs war sehr glücklich. Doch am Tage darauf war die Rose verwelkt, und ihre Blätter lagen auf der Erde.

»Du hast mich betrogen«, sagte der kleine grüne Fuchs, nahm die Blume und warf sie in einen Abgrund.

Aber als er in die Höhle zurückkam, da war die Rose noch immer da. Der köstliche Duft, den sie ihm geschenkt hatte, war geblieben.

Der kleine grüne Fuchs staunte.

Er setzte sich vor seine Höhle. Er sah in der Nähe einen Bauernhof und in der Ferne die Türme der Stadt. Er hörte die Vögel singen, die Kühe muhen, die Mähmaschine knattern und das Läuten der Kirchenglocken. Er war nicht mehr so einsam wie früher. In seiner Erinnerung lebte die Rose. Sie hatte ihm etwas geschenkt, ihren Duft, den man nicht sehen und nicht fassen konnte, ihr Geheimnis.

Und er wußte, eines Tages würde ein kleiner grüner Fuchs des Weges kommen, die Höhle mit ihm teilen, den Tag und die Nacht, den Frühling, den Sommer, den Herbst und den Winter. Wenn er nur Geduld hatte zu warten.

Was der kleine Bär sich wünscht

»Kleiner Bär!« sagte Mutter Bär.

»Ja, Mutter?« fragte der kleine Bär.

»Schläfst du noch nicht?« fragte Mutter Bär.

»Nein, Mutter«, sagte der kleine Bär, »ich kann nicht schlafen.«

»Warum nicht?« fragte Mutter Bär.

»Ich bin am Wünschen«, antwortete der kleine Bär.

»Was willst du dir denn wünschen?« fragte Mutter Bär.

»Ich möchte auf einer Wolke sitzen und überall herumfliegen«, sagte der kleine Bär.

»Das kannst du dir nicht wünschen, mein kleiner Bär«, antwortete Mutter Bär.

»Dann wünsche ich mir, daß ein Meerschiff kommt«, sagte der kleine Bär, »und die Leute auf dem Schiff sagen: Komm herauf, komm herauf! Wir fahren los! Komm mit! Komm mit!«

»Das kannst du dir nicht wünschen, mein kleiner Bär«, sagte die Mutter Bär.

»Dann möchte ich einen Tunnel finden, der bis nach China geht«, sagte der kleine Bär, »dann würde ich für dich nach China laufen und Eßstäbchen nach Hause bringen.«

»Das kannst du dir nicht wünschen, mein kleiner Bär«, sagte Mutter Bär.

»Dann wünsch' ich mir ein großes rotes Auto«, sagte der kleine Bär, »ich würde schnell, schnell davonfahren, und ich käme zu einem großen Schloß. Und eine Königstochter käme heraus und sagte zu mir: ›Willst du ein Stück Kuchen haben, kleiner Bär?‹ Und ich würde ein Stück Kuchen essen.«

»Das kannst du dir nicht wünschen, mein kleiner Bär«, sagte Mutter Bär.

Da sagte der kleine Bär: »Dann wünsch' ich, daß eine Mutter Bär zu mir kommt und sagt: Soll ich dir eine Geschichte erzählen?«

»Gut«, sagte Mutter Bär, »das kannst du dir wünschen. Das ist ein kleiner Wunsch.«

»Danke, Mutter«, sagte der kleine Bär, »das wünsch' ich mir schon so lange.«

»Und was für eine Geschichte möchtest du hören?« fragte Mutter Bär.

»Erzähl mir etwas von mir«, sagte der kleine Bär. »Erzähl mir, was ich früher alles gemacht habe.«

»Gut«, sagte Mutter Bär, »einmal hast du im Schnee gespielt, und du wolltest etwas haben zum Anziehen.«

»O ja, das war lustig«, sagte der kleine Bär. »Erzähl mir noch etwas von mir.«

»Gut«, sagte Mutter Bär, »einmal hast du einen Fliegerhelm aufgesetzt und hast Mondfahrer gespielt.«

»Das war auch lustig«, sagte der kleine Bär. »Erzähl mir noch mehr von mir.«

»Gut«, sagte Mutter Bär, »einmal hast du gemeint, du bekämst keinen Geburtstagskuchen, da hast du eine Geburtstagssuppe gemacht.«

»Oh, das war lustig«, rief der kleine Bär, »und dann bist du mit dem Kuchen gekommen. Du tust immer etwas Liebes für mich.«

»Und jetzt«, sagte Mutter Bär, »kannst du auch etwas Liebes für mich tun.«

»Was denn?« fragte der kleine Bär.

»Du kannst jetzt schön schlafen«, sagte Mutter Bär.

»Also gut, dann schlafe ich«, sagte der kleine Bär, »gute Nacht, liebe Mutter.«

»Gute Nacht, mein kleiner Bär. Schlaf gut.«

Deutsche Übersetzung von Franz Caspar

GINA RUCK-PAUQUÈT

Der kleine Nachtwächter und die Windmelodie

Es gibt Nächte, die sind still wie die tiefsten Stellen im Meer. Da kommt es vor, daß der kleine Nachtwächter singen muß, damit er sich nicht so verloren fühlt.

Aber in den Nächten, in denen der Wind weht, ist das nicht nötig. Da knarren die Fensterläden, die Blätter der Bäume rascheln, Gartentore ächzen, das Gras rauscht, und die Dachziegel klappern.

All diese Geräusche sind dem kleinen Nachtwächter wohlbekannt.

In einer Nacht jedoch erklang Musik. Es war eine sehr zarte Musik, ungefähr so zart wie Bienengesumm oder Schmetterlingsschnarchen, und der kleine Nachtwächter wußte nicht recht, was er davon halten sollte.

Als er aber vor das Haus des Drehorgelmannes kam, sah er, daß sich die Kurbel der Drehorgel wie von selbst drehte. Der kleine Nachtwächter rieb sich die Augen, und es dauerte eine Weile, bis er begriff.

»Oh«, sagte er endlich, »ich glaube, der Wind macht Musik.« Und noch ehe er sich darüber klarwerden konnte, ob es auch richtig war, daß der Wind einfach mitten in der Nacht musizierte, fuhren ihm die Klänge so in die Glieder, daß er wie verzaubert war. Der kleine Nachtwächter begann mit seiner Laterne zu tanzen.

Es dauerte nicht lange, da kamen die Leute aus ihren Häusern. Der Drehorgelmann, das Mädchen mit den Luftballons, der Bauer, der Dichter und die Blumenfrau. Die süße Melodie war bis in ihre Träume geglitten und hatte sie aufgeweckt.

»Der Wind macht Musik!« rief der kleine Nachtwächter. »Wir wollen ein Fest feiern!«

Da nahmen die Leute sich bei den Händen, und sie tanzten miteinander, daß ihre Nachthemden nur so flatterten. Der Wind aber wurde übermütig, und er spielte immer lauter. Die Vögel wachten auf, die Rehe spitzten die Ohren, und die kleinen Katzen kamen herbei und stellten sich im Halbkreis um die Tanzenden. Zuletzt schob sich sogar der Mond hinter den Wolken hervor und schaute zu.

Bis zum frühen Morgen dauerte das Fest, dann wurden die Leute müde.

»Danke schön, lieber Wind«, sagte der kleine Nachtwächter und gähnte ein bißchen dabei. Da ließ der Wind die Drehorgel los und zog davon. Über die Dächer wehte er, an den Wäldern vorbei, und legte sich hinter den Bergen zur Ruhe.

Aber bis dahin war der kleine Nachtwächter schon lange eingeschlafen.

MANFRED MAI

Eine neue Freundin

Katrin und Martina winken sich zu. Dann läuft Martina zur Haustür und klingelt. Bevor sie hineingeht, winkt sie noch einmal. Katrin winkt zurück und hüpft dann im Wechselschritt weiter. Heute kommt ihr der Schulweg viel kürzer vor als sonst. Zu Hause streicht sie wie eine Katze um ihren Vater herum. Als der die Soße abschmecken will, stolpert er beinahe über Katrin. »Paß doch auf«, sagt er. Katrin geht zur Seite.

»Ist denn was?« fragt der Vater.

»Du tust so komisch.« Er schüttet dampfende Nudeln in ein Sieb.

»Ich habe eine neue Freundin«, sagt Katrin.

»Das ist aber schön.« Er schreckt die Nudeln mit kaltem Wasser ab. »Wer ist es denn?«

»Martina.«

Er schaut Katrin an. »Martina Schweitzer?«

Katrin nickt. »Und in der Schule sitzt sie jetzt neben mir.«

»Soso, neben dir«, murmelt der Vater. Er drückt Katrin drei Teller in die Hand. »Hilf mir mal. Mutti kommt gleich.«

Katrin deckt den Tisch. »Tanja war doch immer deine Freundin«, sagt der Vater.

»Die ist doof, die will ich nicht mehr.«

»So? Aber ist Martina nicht ein bißchen schmuddelig?«

»Nein!« sagt Katrin sofort. Dann fragt sie vorsichtig: »Was ist schmuddelig?«

»Na, unordentlich, ungepflegt, schmutzig . . .«

»Das ist sie nicht!« ruft Katrin dazwischen.

»Dann muß sie sich aber sehr geändert haben.«

»Hat sie auch.«

»Das würde mich allerdings wundern, denn . . .«

In diesem Augenblick kommt die Mutter herein. »Hallo, ihr zwei!« Sie gibt beiden einen Kuß. »Ich habe einen Bärenhunger.«

»Wir können gleich essen.«

»Na, gibt's was Neues?« fragt die Mutter. »Wie war's in der Schule?«

»Katrin hat eine neue Freundin«, antwortet der Vater.

»So, wen denn?« – Katrin gibt keine Antwort.

»Warum sagst du es der Mutti nicht?«

»Sag du's doch«, ruft Katrin und läuft hinaus.

Ein paar Tage später gehen sie spazieren. Dabei spielen sie »Engelchen flieg«, balancieren über einen Balken, hüpfen auf einem Bein um die Wette, werfen nach Kastanien und so weiter.

»Da vorne wohnt Martina!« ruft Katrin plötzlich.

»Deswegen brauchst du nicht so zu schreien«, sagt der Vater.

Katrin guckt, ob sie Martina irgendwo entdeckt.

»Sieh dir mal den verlotterten Garten an«, sagt der Vater zur Mutter.

»Wenn das unserer wäre, würde ich mich schämen.«

»Und die Fenster wurden auch schon ewig nicht mehr geputzt. Überhaupt ist . . .«

Katrin hält sich die Ohren zu.

»Hör mal, Katrin«, sagt der Vater, als sie wieder zu Hause sind. »Wir meinen es doch nur gut.«

»Ich will aber nicht.«

»Die Schweitzers sind nicht der richtige Umgang für dich. Martinas Vater arbeitet nicht und sitzt oft in Kneipen herum . . .«

»Ist mir doch egal.«

»Aber uns nicht«, sagt der Vater einen Ton lauter. »Es ist nicht gut, wenn du in so einem Haus bist.«

»Gestern hat Martinas Vater ganz toll mit uns gespielt«, wehrt sich Katrin. »Und ganz lang. Soviel Zeit hast du nie.«

»Ich muß auch arbeiten . . .«

92

»Es wäre viel schöner, wenn du nicht arbeiten müßtest.«

»Katrin!«

»Darum geht es doch gar nicht«, sagt jetzt die Mutter. »Wir möchten nicht, daß du bei Schweitzers aus und ein gehst. Und dafür haben wir unsere Gründe!«

»Martina ist meine beste Freundin«, sagt Katrin trotzig.

»Es gibt doch so viele nette Mädchen in deiner Klasse und in der Nachbarschaft«, versucht es die Mutter noch einmal. »Sandra, Melanie und Rahel. Zum Beispiel.«

»Die will ich nicht.«

»Aber Sandra wäre . . .«

»Ich soll ja nur Sandras Freundin sein, weil ihr ihre Eltern gut leiden könnt.«

»Das stimmt doch gar nicht«, widerspricht die Mutter.

»Stimmt wohl«, sagt Katrin. »Aber meine Freundin ist und bleibt Martina, damit ihr es nur wißt.«

GINA RUCK-PAUQUÈT

Das Herbstlaub

Im Herbst, als die Blätter von den Bäumen gefallen waren, lief der kleine Nachtwächter durch das raschelnde Laub und war glücklich. Nacht für Nacht war er glücklich, und am Tage auch.

Eines Abends aber sprach ihn die Blumenfrau an. »Kleiner Nachtwächter«, sagte sie, »alle Gassen liegen voller Laub.«

»Das stimmt«, entgegnete der kleine Nachtwächter, und er lächelte ein wenig.

»Es ist unordentlich«, sagte die Blumenfrau.

»Es ist sogar sehr unordentlich«, stellte der Drehorgelmann fest.

Und der Bauer nickte mit dem Kopf und meinte: »Das Laub muß fort!«

»Oh«, sagte der kleine Nachtwächter, und er blickte den Dichter an.

Der Dichter aber schwieg und kratzte sich mit dem Bleistift hinter dem Ohr.

Das Mädchen mit den Luftballons brachte einen großen Besen und verlangte, der kleine Nachtwächter solle das Laub aus den Gassen fegen. Dann gingen die Leute in ihre Betten.

»Ist es nicht ein Jammer?« sagte der kleine Nachtwächter zu einer Eule, die eben vorüberflog. »Ich finde, daß es ein Jammer ist!«

Doch weil die Leute es so verlangt hatten, nahm er den Besen und fegte das bunte Laub aus den Gassen. Stunde um Stunde arbeitete er, und als die Sterne anfingen, blaß auszusehen (weil sie müde waren, denn es wurde bald Tag), da hatte er einen riesigen Laubhaufen zusammengefegt. Der kleine Nachtwächter stützte sich auf seinen Besen und verschnaufte ein wenig.

Da, plötzlich kam ein gewaltiger Wind auf und wirbelte die Blätter hoch durch die Luft. Und noch ehe der kleine Nachtwächter sich von seinem

Schreck erholt hatte, lagen alle Gassen wieder voller Laub – wie am Abend vorher.

»Oh!« sagte der kleine Nachtwächter, und er überlegte, ob er weinen oder lachen sollte. Aber weil er ja schließlich seine Pflicht getan hatte, beschloß er, sich zu freuen.

Er warf den Besen fort, lief durch das raschelnde Laub und war glücklich.

Winter

Es schneit

Es schneit, juchhe, es schneit,
Schneeflocken weit und breit!
Ein lustiges Gewimmel
kommt aus dem grauen Himmel.

Was ist das für ein Leben!
Sie tanzen und sie schweben,
sie jagen sich und fliegen,
der Wind bläst vor Vergnügen.

Und nach der langen Reise,
da setzen sie sich leise
aufs Dach und auf die Straße
und dir frech auf die Nase.

Volksgut

TILDE MICHELS

Die Geschichte von Bärry und dem zugefrorenen Bach

Gustav Bär sitzt im Schaukelstuhl. Er schaukelt und träumt vor sich hin. Das Kaminfeuer ist ausgegangen. Im Bärenhaus wird es kalt. Die drei Wanderbären stehen auf einem Stuhl und schauen aus dem Fenster.

»Ich seh' nichts!« ruft Mocke.

»Alles zugeschneit«, sagt Cilli.

Der Schnee liegt wirklich so hoch, daß das halbe Fenster davon verdeckt ist.

Gustav gähnt und sagt: »Dann will ich mal aus der Tür schauen.«

Er zieht die Tür auf, aber da bläst ein eisiger Wind herein und treibt Schnee in die Stube.

»Wie lange das noch dauern soll mit dem Winter!« brummt Gustav und stößt die Tür schnell wieder zu.

»Mach Feuer!« bittet Bim.

»Und erzähl uns eine Geschichte!« verlangt Mocke.

»Sonst wird es uns langweilig«, sagt Cilli.

Gustav seufzt ein bißchen. Er hätte viel lieber in seinem Schaukelstuhl weitergedöst. Aber was soll er machen! Er tappt zum Kamin und heizt ein. Die Holzscheite knacken, und bald breitet sich eine wohlige Wärme aus. Gustav setzt sich wieder in den Schaukelstuhl, die Wanderbären hocken sich vor dem Kamin auf den Boden.

»Wovon soll ich erzählen?« fragt Gustav.

»Von früher, als du klein warst«, ruft Cilli.

»Das hören wir am liebsten«, sagt Bim.

Gustav räuspert sich und beginnt: »Es war einmal ein kleiner Bär . . .«

»Und das warst du!« fällt Mocke ihm ins Wort. Er will zeigen, wieviel er noch von Gustavs Geschichten weiß, und fährt fort: »Der kleine Bär hatte einen Vater und eine Mutter und eine dicke Tante Lillibär und noch eine Schwester Olga.«

»Richtig«, bestätigt Gustav.

»Die wohnten alle zusammen in einer Bärenhöhle«, sagt Cilli.

»In der roch es so gut«, ergänzt Bim. »So nach Bären roch es und nach Honigplätzchen. Die hat die dicke Tante Lillibär immer gebacken.«

»Sehr gut!« lobt Gustav. »Ihr habt alles genau behalten. Und jetzt erzähle ich euch, wie es weiterging mit dem kleinen Bären und seiner Familie. Der kleine Bär ist natürlich größer geworden.«

»Aber nicht *zu* groß!« wünscht sich Cilli. »Er soll immer noch der kleine Bär sein.«

»Klar«, sagt Gustav. »Nur ein bißchen älter ist er geworden. Vielleicht ein Jahr. Ihr seid inzwischen ja auch ein Jahr älter geworden.«

Damit sind die drei Wanderbären einverstanden, und Gustav kann weitererzählen.

»Der kleine Bär hatte aber nicht nur seinen Vater, seine Mutter, die Tante Lillibär und Olga. Er ging auch manchmal auf Besuch zu einem Onkel, der hieß Adalbär. Onkel Adalbär war unheimlich stark und hatte eine tiefe Brummstimme. Meistens war er gutmütig. Aber wenn er sich aufregte, konnte er furchtbar wütend werden. Dann trommelte er mit den Tatzen auf seine Brust, und in seinen Augen blitzte es.

Olga und der kleine Bär fürchteten sich, wenn Onkel Adalbär zornig war. Sein Zorn dauerte aber nie lange. Er verflog so schnell, wie er gekommen war. Onkel Adalbär breitete dann die Arme aus und drückte die Bärenkinder an sich. Dabei lachte er, daß die Höhle dröhnte.

Seine Höhle lag an einem Bach. Sie war zwischen Felsen verborgen und bestand aus einem einzigen großen Raum. Dort wohnte er mit seiner Frau Bärtrude und dem Sohn Bärry.

Übrigens war Bärry oft schuld daran, daß sich Onkel Adalbär aufregte. Bärry war älter als Olga und der kleine Bär. Er war so richtig im

Jungbären-Alter. Es paßte ihm nicht, wenn seine Eltern etwas von ihm verlangten. Er wollte immer genau das tun, was ihm selbst gefiel. Mit den beiden Kleineren mochte er nie spielen. Zum Spielen fand er sich schon zu groß. Er hat sie höchstens zu Dummheiten angestiftet. Oder er hat sie hereingelegt und dann über sie gelacht.

Einmal, im Winter, sagte er: ›Der Bach ist zugefroren. Da könnt ihr schön schlittern.‹ Dabei wußte er, daß das Eis noch viel zu dünn war.

Olga merkte das gleich, weil es am Rand so komisch knackte. ›Ich geh' nicht drauf‹, erklärte sie.

Bärry stand am Ufer und lachte. ›Ihr traut euch nicht!‹

›Ich trau' mich schon!‹ rief der kleine Bär und setzte einen Fuß auf das Eis.

Olga wollte ihn zurückhalten. ›Tu's nicht!‹ Aber er hörte nicht auf sie. Bärry sollte sehen, wie mutig er war.

Vorsichtig setzte er auch den zweiten Fuß auf den zugefrorenen Bach. Da knackte es noch mehr, und ein paar Risse zackten über das Eis.

›Wenn du bis in die Mitte gehst‹, rief Bärry, ›dann bist du echt mutig.‹

Eigentlich hatte der kleine Bär schon keine Lust mehr weiterzugehen. Er wäre viel lieber wieder ans Ufer geklettert. Aber er wollte nicht, daß Bärry ihn auslachte. Also ging er Schritt für Schritt weiter auf die Mitte zu.

Und dann ist es passiert: Mit einem lauten Krachen ist das Eis geborsten. Der kleine Bär ist eingebrochen und hat bis zum Bauch im kalten Wasser gestanden.«

Bim machte erschreckte Augen: »War er richtig tief drin im Wasser?« fragt er.

»Nicht tief drin«, beruhigt ihn Gustav. »Ich habe ja gesagt, bis zum Bauch. Der Bach war zum Glück ganz flach. Da konnte der kleine Bär leicht wieder herausklettern. Er rannte schnell nach Hause. Tante Bärtrude rieb ihn trocken und gab ihm eine Tasse mit heißem Lindenblütentee.«

»Und Onkel Adalbär? Ist der zornig geworden?« will Cilli wissen.

»Und wie!« antwortet Gustav. »Er hat auf seine Brust getrommelt und gegrollt: ›Der soll nur nach Hause kommen, der Lümmel. Dem werde ich die Ohren langziehen, daß er aussieht wie ein Hase!‹

Bärry kam aber nicht so schnell nach Hause. Er wußte schon, was ihm blühte, wenn sein Vater zornig war. Deshalb hat er sich eine Weile versteckt. Erst zum Abendessen ist er wieder aufgetaucht. Und weil Onkel Adalbär längst wieder gute Laune hatte, knurrte er Bärry nur kurz an und sagte: ›Weh dir, wenn du mir die beiden Kleinen nicht in Ruhe läßt!‹

Der kleine Bär dachte: Ich war doch blöd! Und er sagte zu Olga: ›Nie mehr lass' ich mich von dem reinlegen. Der soll mir den Pelz runterrutschen!‹

Olga nickte. ›Der bildet sich nur was darauf ein, daß er größer ist.‹«

»Und«, fragt Mocke, »hat der Bärry sie dann nicht mehr reinlegen können?«

»Versucht hat er es immer wieder«, antwortet Gustav. »Manchmal ist es ihm auch gelungen. Aber Olga und der kleine Bär haben von da an besser aufgepaßt.«

»Ich«, sagt Mocke, »ich hätte den Bärry aber auch mal reingelegt.«

Sofort sagen Cilli und Bim: »Ich auch, ich auch!« Und sie denken sich zusammen aus, was sie mit dem Bärry alles angestellt hätten.

Gustav Bär ist froh, daß er jetzt nicht mehr zu erzählen braucht. Er schubst den Schaukelstuhl an, und während sich Cilli, Bim und Mocke wilde Sachen ausmalen, hält er einen Mittagsschlaf.

Schnee

Es war einmal vor langer, langer Zeit, da lebte ein kleines Mädchen, das noch nie Schnee gesehen hatte. Das kleine Mädchen hieß Lin und lebte in China.

Eines Tages, als Lin mit ihrer Katze Pu im Garten spazierenging, wurde sie plötzlich traurig.

»Ich bin traurig, Pu«, sagte Lin.

»Miau«, antwortete Pu, als ob sie verstanden hätte.

»Ich habe noch niemals Schnee gesehen, und ich möchte so gern einmal Schnee sehen!«

»Miau«, sagte Pu wieder.

An diesem Abend, als Lin schon zu Bett gegangen war, begannen die Blumen im Garten miteinander zu flüstern.

»Stell dir vor«, sagte eine gelbe Rose zu einem kleinen blauen Stiefmütterchen, »Lin hat noch niemals in ihrem Leben Schnee gesehen. Sie ist so freundlich zu uns und gießt uns jeden Tag. Wie könnten wir ihr nur helfen?«

»Ich weiß, wie man ihr helfen kann!« sagte der Südwind, der gerade durch den Garten wehte. Er flog weit, weit fort nach Norden. Über Wüsten und Berge und grüne Täler flog er, und weiter und weiter, bis er endlich zum Nordpol kam, wo der Nordwind wohnte.

»Was suchst du hier?!« brüllte der Nordwind, als er den Südwind erkannte. »Mach, daß du wegkommst, sonst verjage ich dich!«

»Ha, ha, ha!« lachte der Südwind. »Du kannst mich ja gar nicht fangen!«

»Ich kann dich nicht fangen?« grollte der Nordwind. »Na warte. Gleich habe ich dich!« Und er jagte hinter dem Südwind her.

Der Südwind aber machte kehrt und flog den Weg zurück nach China. Der Nordwind folgte ihm, so schnell er konnte. Aber er konnte den Südwind nicht einholen. War *das* eine Kälte überall, wo der Nordwind vorüberflog! Die Wolken bibberten, es hörte auf zu regnen, und es begann zu schneien!

Als der Nordwind merkte, daß er den Südwind nicht erwischen konnte, kehrte er wütend zum Nordpol zurück und blies dort so heftig, daß es sogar den Eisbären kalt über den Rücken lief.

Als Lin am nächsten Morgen in den Garten kam, war alles voll Schnee.

»Wie weiß und weich und zauberhaft!« sagte sie. »Schau, Pu! Das kann nur Schnee sein!«

»Miau!« sagte Pu.

Bald darauf kam der Südwind, und der Schnee schmolz. Die Sonne schien und wärmte die Blumen. Lin war sehr glücklich.

KARL HEILBRONNER

Die Eisprinzessin

Im tiefen Zauberwald lebte der Eiskönig mit seiner wunderschönen Tochter, der Eisprinzessin. Sie wohnten in einem Schloß, das ganz aus Eis gebaut war. Das schimmerte und glitzerte, als ob es aus Silber und Kristall wäre. Vor dem Schloß war ein kleiner Eissee, auf diesem lief die kleine Eisprinzessin jeden Abend, wenn der Mond schien, Schlittschuh. Wenn die Prinzessin Eiswalzer tanzte, sah der König immer zu. Er setzte sich auf einen Sessel aus Eisblöcken. Aus dem Zauberwald kamen die Häslein und Rehe, die Eichhörnchen und Käuzchen als Zuschauer. Die Prinzessin war aber auch wunderschön in ihrem Kleidchen ganz aus Schnee, das über und über mit Eisblumen besetzt war, und mit dem Krönchen aus Eiszäpfchen auf dem Kopf.

Eines Abends, der Mond schien besonders hell, warteten wieder alle darauf, daß die Prinzessin ihren Eiswalzer tanze. Sie aber machte nur ein paar zögernde Schritte auf dem Eis, blieb stehen und ließ traurig das Köpfchen hängen. Das sah der König und fragte: »Warum bist du heute abend so traurig?« Da antwortete die Eisprinzessin: »Ach, es ist so langweilig!

Nur die Tiere sehen, wie schön ich den Eiswalzer tanzen kann. Ich möchte, daß mich auch die Menschen sehen. Ich weiß, daß es bei ihnen große Eisbahnen gibt, die von Scheinwerfern erleuchtet werden. Bei uns scheint immer nur der alte Mond. Ach, lieber Vater, laß mich zu den Menschen.«

Der Eiskönig liebte seine Tochter sehr und konnte ihr keinen Wunsch abschlagen. Obwohl er und alle Tiere des Zauberwaldes sehr traurig waren, sagte er: »Ich will deinen Wunsch erfüllen und dich zu den Menschen zaubern.«

Ehe die Eisprinzessin recht wußte, wie ihr geschah, stand sie in einer großen Halle auf einer spiegelglatten Eisfläche. Musik spielte, und viele Scheinwerfer strahlten auf sie herab. Die Menschen in der Halle klatschten begeistert in die Hände, denn sie hatten noch nie eine so schöne Eisläuferin gesehen.

Da fing die Prinzessin an, den Eiswalzer zu tanzen. Aber schon nach den ersten Schritten wurde es ihr ganz seltsam, denn die vielen großen Scheinwerfer waren viel zu warm für eine Eisprinzessin, die nur in Eis und Schnee leben konnte. Die Eisblumen an ihrem Schneekleid fingen an zu schmelzen, auch von ihrem Eiszapfenkrönchen tröpfelte es schon. Sie erschrak furchtbar und rief in ihrer Angst den Schneekönig um Hilfe an. Er zauberte seine Tochter schnell wieder zurück auf den Eissee im Zauberwald. Dort tanzt sie jetzt wieder den Eiswalzer vor den Tieren des Zauberwaldes und ist glücklich und zufrieden dabei.

Die kleine Hexe und der Maronimann

Es war Winter geworden. Um das Hexenhaus heulte der Schneesturm und rüttelte an den Fensterläden. Der kleinen Hexe machte das wenig aus. Sie saß nun tagaus, tagein auf der Bank vor dem Kachelofen und wärmte sich den Rücken. Ihre Füße steckten in dicken Filzpantoffeln. Von Zeit zu Zeit klatschte sie in die Hände – und jedesmal, wenn sie klatschte, sprang eines der Holzscheite, die in der Kiste neben dem Ofen lagen, von selbst in das Feuerloch. Wenn sie aber gerade einmal Appetit auf Bratäpfel hatte, so brauchte sie nur mit den Fingern zu schnalzen. Da kamen sofort ein paar Äpfel aus der Vorratskammer gerollt und hüpften ins Bratrohr.

Dem Raben Abraxas gefiel das. Er versicherte immer wieder aufs neue: »So läßt sich der Winter ganz gut aushalten!« Aber die kleine Hexe verlor mit der Zeit allen Spaß an dem faulen Leben.

Eines Tages erklärte sie mißmutig: »Soll ich vielleicht den ganzen Winter lang auf der Ofenbank sitzen und mir den Rücken wärmen? Ich brauche mal wieder Bewegung und frische Luft um die Nase. Komm, laß uns ausreiten!«

»Was!« rief Abraxas entsetzt. »Wofür hältst du mich eigentlich? Bin ich ein Eisvogel? Nein, diese Lausekälte ist nichts für mich! Besten Dank für die Einladung! Bleiben wir lieber daheim in der warmen Stube!«

Da sagte die kleine Hexe: »Na schön, wie du willst! Von mir aus kannst du zu Hause bleiben, dann reite ich eben allein. Vor der Kälte ist mir nicht bange, ich werde mich warm genug anziehen.«

Die kleine Hexe zog sieben Röcke an, immer einen über den anderen. Dann band sie das große wollene Kopftuch um, fuhr in die Winterstiefel

und streifte sich zwei Paar Fäustlinge über. So ausgerüstet schwang sie sich auf den Besen und flitzte zum Schornstein hinaus.

Bitter kalt war es draußen! Die Bäume trugen dicke, weiße Mäntel. Moos und Steine waren unter dem Schnee verschwunden. Hier und da führten Schlittenspuren und Fußstapfen durch den Wald.

Die kleine Hexe lenkte den Besen zum nächsten Dorf. Die Höfe waren tief eingeschneit. Der Kirchturm trug eine Pudelmütze von Schnee. Aus allen Schornsteinen stieg der Rauch auf. Die kleine Hexe hörte im Vor-überreiten, wie die Bauern und ihre Knechte in den Scheunen das Korn droschen: Rum-pum-pum, rum-pum-pum.

Auf den Hügeln hinter dem Dorf wimmelte es von Kindern, die Schlitten fuhren. Auch Skifahrer waren darunter. Die kleine Hexe sah ihnen zu, wie sie um die Wette bergab sausten. Kurze Zeit später kam auf der Straße ein Schneepflug gefahren. Dem folgte sie eine Weile nach; dann schloß sie sich einem Schwarm Krähen an, der zur Stadt flog.

Ich will in die Stadt hineingehen, dachte sie, um mich ein wenig warm zu laufen. Inzwischen war es ihr nämlich trotz der sieben Röcke und zwei Paar Fäustlinge jämmerlich kalt geworden.

Den Besen brauchte sie diesmal nicht zu verstecken, sie schulterte ihn. Nun sah sie aus wie ein ganz gewöhnliches altes Mütterchen, das zum Schneeräumen ging. Niemand, der ihr begegnete, dachte sich etwas dabei. Die Leute hatten es alle eilig und stapften mit eingezogenen Köpfen an ihr vorüber.

Gar zu gern hätte die kleine Hexe wieder einmal einen Blick in die Schaufenster der Geschäfte geworfen. Aber die Scheiben waren ganz mit Eisblumen bedeckt. Der Stadtbrunnen war zugefroren, und von den Wirtshausschildern hingen lange Eiszapfen.

Auf dem Marktplatz stand eine schmale, grün gestrichene Holzbude. Davor stand ein eisernes Öfchen; und hinter dem Öfchen stand, mit dem Rücken zur Bude, ein kleines, verhutzeltes Männlein. Das trug einen weiten Kutschermantel und Filzschuhe. Den Kragen hatte es hochge-klappt, und die Mütze hatte es tief ins Gesicht gezogen. Von Zeit zu Zeit

nieste das Männlein. Die Tropfen fielen dann stets auf die glühende Ofenplatte und zischten.

»Was machst du da?« fragte die kleine Hexe.

»Siehst du das nicht? Ich – haptschi! – ich brate Maroni.«

»Maroni? Was ist das?«

»Kastanien sind es«, erklärte das Männlein. Dann hob es den Deckel vom Öfchen und fragte sie: »Möchtest du welche? Zehn Pfennig die kleine Tüte und zwanzig die große. Ha-a-ptschi!«

Der kleinen Hexe stieg der Duft der gerösteten Kastanien in die Nase.

»Ich möchte ganz gern einmal davon kosten, aber ich habe kein Geld mit.«

»Dann will ich dir ausnahmsweise ein paar umsonst geben«, sagte das Männlein. »Bei dieser Bärenkälte wirst du was Warmes vertragen können. Haptschi, daß es wahr ist!«

Das Männlein schneuzte sich in die Finger. Dann langte es eine Handvoll Kastanien aus dem Bratrohr und tat sie in eine Tüte von braunem Packpapier. Die gab es der kleinen Hexe und sagte:

»Da, nimm sie! Aber bevor du sie in den Mund steckst, muß du sie abschälen.«

»Danke schön«, sagte die kleine Hexe und kostete. »Hm, die sind gut!« rief sie überrascht; und dann meinte sie:

»Weißt du, dich könnte man fast beneiden! Du hast eine leichte Arbeit und brauchst nicht zu frieren, weil du am warmen Ofen stehst.«

»Sage das nicht!« widersprach das Männlein. »Wenn man den ganzen Tag in der Kälte steht, friert man trotzdem. Da hilft auch das eiserne Öfchen nichts. Daran verbrennt man sich höchstens die Finger, wenn man die heißen Maroni herausholt. – Haptschi! – Aber sonst? Meine Füße sind ein Paar Eiszapfen, sage ich dir! Und die Nase erst! Ist sie nicht rot wie eine Christbaumkerze? Den Schnupfen werde ich nicht mehr los. Es ist zum Verzweifeln!« Wie zur Bekräftigung nieste das Männlein schon wieder. Es nieste so herzzerreißend, daß die Holzbude wackelte und der Markt davon widerhallte.

Da dachte die kleine Hexe: Dem können wir abhelfen! Warte mal ... Und sie murmelte einen Zauberspruch, aber heimlich. Dann fragte sie:

»Ist dir noch immer kalt an den Zehen?«

»Im Augenblick nicht mehr«, sagte das Männlein. »Ich glaube, die Kälte hat etwas nachgelassen. Ich merke es an der Nasenspitze. Wie kommt das nur?«

»Frag mich nicht«, sagte die kleine Hexe, »ich muß jetzt nach Hause reiten.«

»Nach Hause – *reiten?!*«

»Habe ich etwas von reiten gesagt? Du wirst dich verhört haben.«

»Muß wohl so sein«, sprach das Männlein. – »Auf Wiedersehen!«

»Auf Wiedersehen«, sagte die kleine Hexe. »Und danke schön!«

»Bitte sehr, bitte sehr, keine Ursache!«

Bald danach kamen zwei Buben über den Marktplatz gelaufen, die riefen: »Schnell, schnell, Herr Maronimann! Jeden von uns für ein Zehnerl!«

»Jawohl, bitte schön, zweimal für ein Zehnerl!«

Der Maronimann griff in das Bratrohr.

Aber zum erstenmal in seinem ganzen langen Maronimannleben verbrannte er sich an den heißen Kastanien nicht die Finger. Er verbrannte sie sich überhaupt nicht mehr. Und es fror ihn auch nie mehr an den Zehen. Und auch an der Nase nicht. Der Schnupfen war für alle Zeiten wie weggeblasen. Und wenn er doch einmal wieder niesen wollte, so mußte der gute Maronimann eine Prise Schnupftabak nehmen.

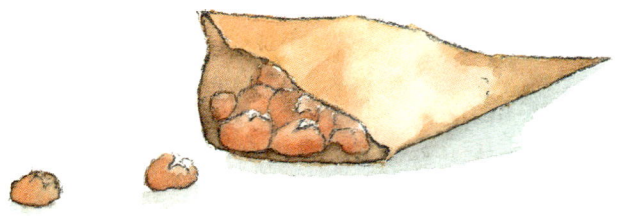

GUDRUN MEBS

Die Postkarte

Nina betrachtet eine Postkarte. Die Oma hat sie geschickt. »Liebe Nina, ich denke oft an Dich. Ich habe Dich sehr lieb, meine kleine Nina. Herzlichen Gruß, Deine Oma!«

Das steht drauf. Die Mama hat's vorgelesen. Nina sitzt und betrachtet die Postkarte. Die von der Oma. Von der Oma, die so weit weg ist.

Ein Haus ist auf der Postkarte und drei Bäume. Winterbäume. Das Haus hat eine dicke Schneehaube auf dem Dach. Um das Haus herum und auf den Bäumen drauf liegt Schnee. Weicher, weißer Schnee. Wie Watte. Eine Frau stapft auf das Haus zu. Eingemummt in einen dicken Mantel. Nina schaut genauer. Sie hat die Hände in die Taschen gesteckt. Die Frau friert. Eine Pelzmütze hat sie auf dem Kopf. Darauf liegt auch Schnee. Die Frau ist spazierengegangen. Jetzt ist ihr kalt. Sie macht große Schritte. Sie möchte ins Haus gehen, ins Warme kommen. Gleich wird sie die Tür aufsperren. Sicher schaut sie vorher noch einmal in den Himmel, weil dicke Schneewolken über dem Haus hängen. Weißgrau. Mehr grau als weiß. Die sehen aus, als hätten sie noch mehr Schnee zu verschenken.

Die Frau wird schnell ins Haus gehen. Sie wird »brrr, kalt heute!« sagen und den Mantel ausziehen und aufhängen. Und die Pelzmütze wird sie ausschütteln, weil da noch Schnee drauffliegt. Sie wird sich die Hände reiben. Sie wird in die Stube gehen. Oder erst in die Küche. Sie hat Hunger. Nach langen Spaziergängen kriegt man immer Hunger. Nein, sie wird zuerst in die Stube gehen. Da zündet sie ein Feuer an, im Ofen. Holz ist schon drin und geknülltes Zeitungspapier auch. Sie braucht nur noch ein Zündholz dranhalten, dann brennt's. Die Frau wird die Hände reiben, weil die kalt sind und weil das Feuer sie jetzt wärmt. Sie wird eine

Weile das Feuer betrachten. Sie wird die Ofentür schließen und in die Küche gehen. Dort macht sie sich Tee und schmiert sich Butterbrote, weil sie Hunger hat. Und einen Apfel nimmt sie mit in die Stube. Den legt sie auf den Ofen, damit's ein Bratapfel wird. Sie schaut aus dem Fenster. Es schneit. Immer wieder, immer wieder . . .

Die Frau trinkt den Tee in kleinen Schlucken. Weil er so heiß ist. Draußen wird's dunkel. Der Schnee wird blasser, immer blasser . . . er fällt und fällt . . .

Die Frau hat eine Lampe angezündet. Der Ofen bullert, der Bratapfel duftet. Die Frau wird eine Postkarte holen. Und einen Stift und eine Briefmarke. Sie schaut aus dem Fenster, und dann schreibt sie:

»Liebe Nina, ich denke oft an Dich. Ich habe Dich sehr lieb, meine kleine Nina. Herzlichen Gruß, Deine Oma!«

Dann wird sie die Marke draufkleben und dann wird sie den Bratapfel essen. Und wird zu Bett gehen.

Nina träumt und betrachtet eine Postkarte von ihrer Oma.

NICOLAS SIDJAKO

Babuschka und die drei Könige

Vor vielen, vielen Jahren, da stand einmal ein kleines Haus ganz allein zwischen den Wiesen und Feldern. Dort wohnte die alte Babuschka. Im Sommer sangen die Vöglein im Apfelbaum, aber im Winter war alles still. Auf den Wiesen und Feldern lag der Schnee.

An einem Wintertag fegte und putzte Babuschka wieder einmal ihr kleines Haus. Weil sie allein war und viel Zeit hatte, fegte und putzte sie oft so lange, bis es allmählich dunkel wurde. Plötzlich blieb Babuschka mitten in der Stube stehen. Durch Schnee und Wind hatte sie deutlich die Stimmen von Menschen gehört. Es mußten sehr viele sein. Babuschka hörte sie näher kommen.

Als Babuschka aus dem Fenster sah, wollte sie kaum ihren Augen trauen. Da kamen zuerst drei weiße Pferde, die einen prächtig geschmückten Schlitten zogen.

Drei Männer saßen in dem Schlitten, sie waren bunt und fremdländisch angezogen, und jeder von ihnen trug eine schwere Krone, mit Edelsteinen reich verziert. Dann kamen noch viele Männer zu Pferd oder zu Fuß, es war eine lange Reihe, und die ersten standen schon vor Babuschkas kleinem Haus.

118

Als es an die Tür klopfte, hätte Babuschka sich gern versteckt. Sie fürchtete sich und wartete lange. Dann aber zog sie den Riegel zurück und trat vor das Haus. Waren es Könige, die vor der Tür standen? Dunkel erinnerte sich Babuschka, daß man Menschen, die eine Krone trugen, Könige nannte. Waren sie streng und böse, wie man ihr erzählt hatte? Aber da lächelte einer der drei Fremden und sagte freundlich: »Fürchte dich nicht! Wir sind einem hellen Stern gefolgt und suchen den Ort, wo ein Kind geboren wurde, das uns allen Freude und Erlösung bringt. Willst du nicht mitgehen, Babuschka? Wir haben den Weg verloren im tiefen Schnee. Hilf uns den Weg wiederzufinden, damit wir dem Kind unsere Gaben bringen!« Der kurze Wintertag ging schon dem Ende zu. Babuschka sah in das Schneegestöber hinaus. »Kommt in die Stube und wärmt euch! Ich mache erst noch die Arbeit im Haus fertig. Morgen werde ich gewiß mit euch gehen.« Doch die drei Könige wandten sich ab. »Wenn du nicht mitkommen kannst, Babuschka, wir müssen gleich wieder aufbrechen. Für uns gibt es keinen Aufenthalt.« Babuschka sah ihnen lange nach. Mit allen, die bei ihnen waren, zogen sie wieder durch Wind und Schnee über das weite Land.

Babuschka war in ihr Haus zurückgekehrt und hatte die letzten Ecken saubergemacht. Noch lange aber saß sie am Tisch und dachte daran, was die drei Könige ihr von dem neugeborenen Kind erzählt hatten: daß es allen Menschen Freude und Erlösung bringen werde. Wenn ich doch mitgegangen wäre, dachte Babuschka, ich hätte das auserwählte Kind mit eigenen Augen gesehen. Und sie bereute nun, daß sie zurückgeblieben war. Auch als sie sich zum Schlafen niederlegte, fand Babuschka keine Ruhe. Sie konnte den Morgen kaum erwarten. Tief im Herzen hatte sie nur noch den einen Wunsch, das Kind zu finden und ihm Geschenke darzubringen, wie es die Könige tun wollten.

Schon in der ersten Tagesfrühe machte sich Babuschka auf den Weg. Sie trug in der Reisetasche die wenigen kleinen Geschenke, die sie in ihrer Hütte gefunden hatte. Auch wenn sie nicht kostbar waren, so hoffte Babuschka doch, daß sich das Kind darüber freuen würde. Sie trat aus dem Haus und suchte die Spuren im Schnee, die ihr den Weg der Könige zeigen sollten, aber der Wind hatte die Spuren längst verweht.

So ging sie allein und ohne Hilfe in das verschneite Land hinein, klopfte an viele Türen und fragte: »Sind drei Könige hier vorbeigekommen? Kennt ihr das auserwählte Kind, und wißt ihr, wo es geboren wurde?« Aber nicht einer von allen konnte ihr Antwort geben. Fremde Kinder spielten im Schnee. Babuschka sah ihnen gerne zu. Seitdem sie hinausgezogen war, um das eine Kind zu suchen, hatte sie alle Kinder liebgewonnen. Aber nicht lange durfte sie stehenbleiben. Babuschka wanderte weiter.

Schritt für Schritt, den Stock in der Hand, wanderte sie von Dorf zu Dorf. Freundlich wurde sie aufgenommen, aber vergeblich fragte sie überall: »Wißt ihr den Weg zu dem auserwählten Kind?« Und weiter stapfte die alte Babuschka über das schneebedeckte Land. Die Wege sind weit in diesem Land, und niemand weiß, ob sie das Kind gefunden hat.

Aber die Leute erzählen, daß bis auf den heutigen Tag, wenn es Winter geworden ist, eine alte Frau durch die Straßen und Gassen geht. Sie schaut in die Stuben hinein, und manchmal finden die Kinder am anderen Tag ein kleines Geschenk auf der Fensterbank, nur eine Zuckerstange oder ein einfaches Spielzeug. Die gute alte Babuschka ist in der Dunkelheit an ihrem Haus vorbeigekommen.

Deutsche Übersetzung von Paul Schaaf

HEINRICH HANNOVER

Der Fisch mit den goldenen Augen

Es war einmal ein Fisch, der hatte goldene Augen. Alle anderen Fische hatten weiße oder schwarze oder graue oder rote Augen, aber keiner hatte goldene Augen. Und so kam es, daß der Fisch mit den goldenen Augen der einzige Fisch war, der noch keinen Fisch mit goldenen Augen gesehen hatte, denn seine eigenen Augen kann man ja nicht sehen, und einen Spiegel gab es im Meer nicht. Ja, der Fisch mit den goldenen Augen wußte überhaupt nicht, wie Gold aussieht, denn im Wasser gab es diese Farbe nicht. Nicht einmal die Goldfische sind richtig golden, sondern rot.

Einmal schwamm der Fisch mit den goldenen Augen tiefer als sonst und dachte:

»Vielleicht finde ich weiter unten im Wasser doch noch etwas Goldenes.« Das Wasser wurde immer blauer und blauer, und als er noch tiefer schwamm, wurde es rot und röter, und ganz tief unten wurde es schließlich schwarz und schwärzer.

Da begegnete er einem Seestern mit fünf Zacken, der schwamm dicht über dem Meeresgrund dahin und sah in der Finsternis ganz schwarz aus. »Nanu«, sagte der Seestern, »da schwimmt ja ein Fisch mit goldenen Augen!«

»Ja«, sagte der Fisch mit den goldenen Augen, »und ich selbst habe noch nie etwas Goldenes gesehen und suche es hier unten am Meeresgrund. Bist du vielleicht golden?«

»Nein, ich bin nicht golden«, sagte der Seestern, »ich bin ja nur ein Seestern.«

»Schade«, sagte der Fisch mit den goldenen Augen.

»Hier im Meer wirst du sicher nichts Goldenes finden«, sagte der Seestern, »du mußt mal aus dem Wasser auftauchen, da oben kriegt man manchmal was Goldenes zu sehen; vielleicht hast du ja Glück.«

Da schwamm der Fisch mit den goldenen Augen wieder nach oben, und er kam aus dem Schwarzen ins Dunkelrote und vom Dunkelroten ins Hellrote und vom Hellroten ins Dunkelblaue. Aber aus dem Dunkelblauen kam er gar nicht heraus, je höher er kam, desto dunkler wurde das Wasser, und als der Fisch seinen Kopf aus dem Wasser in die Luft streckte, da war dort oben gerade Nacht.

Jetzt kriege ich auch hier oben sicher nichts Goldenes zu sehen, dachte der Fisch und war ganz traurig. Aber plötzlich machte es irgendwo »bums!« und dann »zischschsch!« und dann noch einmal »bums!«, und dann fielen vier oder fünf leuchtende grüne Kugeln vom Himmel. Eine Rakete.

»Das war aber schön!« sagte der Fisch mit den goldenen Augen. Und gleich darauf stieg noch eine zweite Rakete auf, die hatte rote Leuchtkugeln. Und dann zischte eine Rakete besonders hoch in den Himmel hinauf, und als sie platzte, fielen Leuchtkugeln heraus, die waren – golden.

   Der Fisch schaute noch eine Zeitlang dem Feuerwerk am Himmel zu – es war nämlich gerade Silvester – und tauchte dann hinunter ins Meer, um dem Seestern Bescheid zu sagen, was es da oben zu sehen gab. Er fand denn auch schnell den Seestern am Meeresgrund wieder. »Komm schnell mit! Da oben ist ein tolles Feuerwerk zu sehen!« Und so schwammen sie beide wieder an die Oberfläche des Meeres, der Fisch mit den goldenen Augen und der Seestern, und schauten dem Feuerwerk zu.

Aber plötzlich kam ein Fischreiher dahergeflogen, der packte den Seestern mit seinem Schnabel und trug ihn in die Luft. Sicher hätte der Fischreiher den armen Seestern aufgefressen, wenn nicht eine Rakete dahergeflogen gekommen wäre, dem Fischreiher gerade an der Nase vorbei. Da kriegte der Fischreiher einen solchen Schreck, daß er den

Seestern losließ. Der aber bekam so viel von dem goldenen Sprühregen der Rakete ab, daß er plötzlich wie ein richtiger Stern golden glänzte. Und so blieb der Seestern am Himmel hängen und leuchtete Nacht für Nacht über dem Meer und über dem Land.

Der Fisch mit den goldenen Augen hatte zuerst einen großen Schreck gekriegt, als der Fischreiher seinen Freund, den Seestern, davontrug. Aber dann sah er, wie der Seestern dem Fischreiher entkommen und ein richtiger Stern geworden war, und freute sich mit ihm. Alle Jahre einmal – an Silvester – kommt der Seestern vom Himmel herunter und trifft sich mit dem Fisch irgendwo auf dem Meer. Und dann erzählen sie sich, was sie im vergangenen Jahr gesehen haben, der eine über, der andere unter dem Meeresspiegel.

QUELLENVERZEICHNIS

KATRIN ARNOLD, *Den Mond überholen.* © Katrin Arnold.

BARBARA BARTOS-HÖPPNER, *Roter Milan fliegt nach Amerika.*
© Barbara Bartos-Höppner.

HANS BAUMANN, *Der große Elefant und der kleine.* © Elisabeth Baumann.

DONALD BISSET, *Schnee,* aus: ders., »Gute-Nacht-Geschichten für wache Kinder«.
© Benziger Edition im Arena Verlag, Würzburg 1978.

Es schneit, aus: KÄTHE BOEKHOFF und ELISABETH EKSTRÖM (Hrsg.), »Westermanns Kinderbuch«.
© Georg Westermann Verlag, Braunschweig, 4. Auflage 1971.

MAX BOLLIGER, *Der grüne Fuchs,* aus: »Weißt du, warum wir lachen und weinen?«.
© Ernst Kaufmann Verlag, Lahr.

ELISABETH BORCHERS, *Oktober,* aus: Elisabeth Borchers und Dietlind Blech, »Und oben schwimmt die Sonne davon«. © Heinrich Ellermann Verlag, München 1965.

BRUNO HORST BULL, *Die Strandhöhle.* © Bruno Horst Bull.

HERBERT ERDMANN, *Der Zitronenfalter Balthasar,* aus: Hans-Joachim Gelberg (Hrsg.),
»Kinderland – Zauberland«. © Georg Bitter Verlag, Recklinghausen 1967.

JOSEF GUGGENMOS, *Vom Igel, der Hunger hatte.* © Josef Guggenmos.

MARIE HAMSUN, *Drei Wünsche an den Kuckuck,* aus: dies., »Die Langerudkinder«. © Paul List Verlag in der Südwest Verlags GmbH & Co. KG, München 1950.

HEINRICH HANNOVER, *Der Fisch mit den goldenen Augen.* © Heinrich Hannover 1972, mit Genehmigung der Literarischen Agentur Liepman AG, Zürich.

WERNER HEIDUCZEK, *Jana und der kleine Stern.* © Der Kinderbuchverlag, Berlin 1968.

KARL HEILBRONNER, *Die Eisprinzessin,* aus: Görz (Hrsg.), »Sandmännchen«.
© Südwestverlag, München.

ILSE KLEBERGER, *Sommer.* © Ilse Kleberger.

IRINA KORSCHUNOW, *Niki hat Mut,* aus: dies., »Niki aus dem 10. Stock«.
© Herold Verlag Brück GmbH & Co. KG, Fellbach 1973.

JAMES KRÜSS, *Der Mai und die Kinder,* aus: Hans-Joachim Gelberg (Hrsg.),
»Kinderland – Zauberland«. © Georg Bitter Verlag, Recklinghausen 1967.

REINER KUNZE, *Der Löwe Leopold,* aus: ders., »Der Löwe Leopold. Fast Märchen, fast Geschichten«.
© S. Fischer Verlag GmbH, Frankfurt am Main 1970.

Der Geschichtenbär   Lesen und Vorlesen

Anne Braun (Hrsg.)
Geschichten von großen und kleinen Tieren

Warum die Schildkröte gepanzert geht und wie das Kamel zu
seinem Buckel kam; warum ein Hund Knöpfe fraß und warum
die Eule die Elster besuchte das und noch viel mehr erzählen
die heiteren und spannenden Geschichten von großen und kleinen Tieren, die in unserer Heimat oder in fernen Ländern leben.
Die liebevoll zuammengestellte Auswahl vereint die schönsten
Geschichten von Autoren wie Josef Guggenmos, Janosch, Hanna
Johansen, Rudyard Kipling, Ephraim Kishon und vielen anderen.
160 S. Gebunden. Zahlr. Illustrationen von Petra Probst. Ab 8

**BENZIGER
EDITION**